資産価値向上と
円滑な運営を両立する
マンション管理の成功法則

大和財託株式会社
代表取締役CEO
藤原正明
Masaaki Fujiwara

CROSSMEDIA PUBLISHING

はじめに

本書を手に取っていただき、ありがとうございます。読者の皆さんは、マンション管理について何らかの課題や悩みをお持ちではないかと想像しています。

近年は、住みやすさやセキュリティ、利便性といった理由から、分譲マンションに住む方が増えています。東京カンテイの調査によれば、全国の世帯数に占める分譲マンション戸数の割合を示す「マンション化率」は年々増加を続け、2023年時点で約8世帯に1世帯がマンション住まいであるとの調査結果が報告されています。

マンションで暮らす人の増加に伴い、さまざまな問題が発生するようになりました。そういったトラブルを未然に防ぎ、区分所有者の皆さんが快適に生活するために不可欠なのが「マンション管理」です。その運営にあたる「マンション管理組合」、そしてその主体となる「理事会」が重要であることは言うまでもありません。

しかし、多くの理事会は管理会社から請求される高額な管理費・修繕積立金・各種修繕費用に頭を悩ませ、円滑な運営ができていないのが実情です。実際には請求額を決めるのは組合であり、管理会社はあくまで請求の代行をしているにすぎませんが、竣工時にデベロッパーが管理会社を決定し、そのままとなっているケースが大半です。

中でも深刻なのが大規模修繕に関するトラブルです。私自身、大和財託を立ち上げる前は、業界最大手である新築分譲マンションのデベロッパーに勤めていましたので、そのあたりの事情はよく知っています。

多くの分譲マンションは、デベロッパーが開発し、分譲後はデベロッパーの関連会社が分譲マンション管理会社として管理運営をします。販売時には購入してもらいやすいように修繕積立金を低く抑え、徐々に値上げしていく長期修繕計画が作成されることも少なくありません。そして大規模修繕をするときには、委託している管理会社から不当に高額な工事費用を要求されたり、その費用となる修繕積立金が不足したりといったトラブルが相次いでいるのです。

実際、予算不足のために本来必要な大規模修繕工事ができていないマンションが多く存在します。そうなると、大切な資産である自宅の価値は著しく低くなり、それはお金を失うことと同義です。

人口減少社会を迎えたこれからの日本では、新しく分譲マンションを建設することよりも、既存ストックである建物を適切に管理・修繕して価値を維持、高めていくことが求められると私は考えています。

では、どうすれば管理会社ともうまく付き合いながら、自分たちのマンションの資産価値を高く維持できるのか？――そのような悩みを解決するのが「資産価値向上」と「円滑な運営」を両立するマンション管理の成功法則です。

私が経営する大和財託は「資産価値共創業」を掲げ、お客様の人生、そして取引先や社員を潤すことを目指しています。その具体的な事業として、収益不動産を活用した資産運用コンサルティング事業を展開し、お客様の資産運用をサポートしてきました。１棟アパート・マンションの開発・提供・賃貸管理を通して培った集合住宅開発・管理ノウハウを活かし、2020年からは分譲マンション管理サービスの提供を開始。適切な運営、安価で質の高い修繕、長期修繕計画の再作成など、コンサルティングの視点からお客様の大切な資産である「自宅」の資産価値向上のお手伝いをしています。収益不動産で得たノウハウというのは、分譲マンションの管理運営・修繕においても必ずやお役立ちできるものだと考えており、本書でその内容を詳細にお伝えしていきます。

分譲マンションの数が増え続ける一方で、マンション管理を面倒なものと感じ、理事会役員になりたがらない――いわゆる「なり手不足」が社会的な問題となっています。しかし、マンション管理は区分所有者全員が関わるべき課題であり、マンション管理を疎かにすることで不利益を被るのは、ほかならぬ区分所有者自身です。

もちろん、時としてマンション管理のプロである管理会社に頼る必要もありますが、「こんなマンションにしたい」と描き、その実現に向かって動く主体となるのは、あくまで区分所有者である管理組合です。本書では、なり手不足の問題をどう解決すればいいのか、管理会社をどう頼ればいいのか、来るべき大規模修繕をどう進めればいいのかなど、具体的なマンション管理のポイントについて解説します。

2018年末時点で、築40年超えのマンションの総数は約81.4万戸でしたが、2020年末時点では約103.3万戸と、増加傾向にあります。現に築古のマンションでは、住人の高齢化が進んで空き家が増え、管理組合自体が機能不全に陥っているケースも少なくありません。

この状況を受けて、2022年４月にマンション管理適正化法が改正され、政府は国策として分譲マンションの管理状況の見える化に着手し、管理計画が一定の基準を満たすマンションが地方公共団体から認定を受ける「管理計画認定制度」が始まりました。

適切に管理されたマンションは、市場評価や資産価値の向上が期待できます。マンションを管理する管理組合の存在は、これからますます重要になるでしょう。マンションの管理状態の優劣が、マンションの経済的な価値に直結するようになる、そんな時代が目前に来ているのです。

だからこそ管理組合ならびに理事会に携わる方たちには、これを機にマンション管理のポイントをぜひ学んでいただければと考えています。

1人でも多くの方が、本書によってご自身のマンションの管理に関する悩みを解消し、マンションの資産価値を最大限に高め、いつまでも快適に暮らせるヒントを得ることができれば、著者として嬉しく思います。

藤原 正明

はじめに ……… 002

第1章
なぜ、マンション管理がうまくいかないのか？ ……… 011

円滑な管理組合の運営がマンション資産価値の維持・向上に直結する ……… 012
なぜ、理事会に入りたがらない人が多いのか ……… 014
マンションの管理は管理会社の仕事？ ……… 016
理事会の具体的な仕事とは？ ……… 018
役員を選出する方法 ……… 021
役員を引き受けられない事情があるときは？ ……… 022
外部管理者方式（第三者管理方式）とは？ ……… 023
二極化する管理方法――「自主管理」か「丸投げ」か ……… 024
管理組合と管理会社のいびつな関係 ……… 026
トラブルで圧倒的に多いのは「管理会社」「大規模修繕」「組合運営」 ……… 028
管理組合および理事会運営がうまくいかないとどうなる？ ……… 030

第2章
マンション管理に頻出するトラブル事例 ……… 031

【管理会社編】「管理会社の得」は「管理組合の損」 ……… 033
【管理会社編】管理会社が依頼した業務を遂行しない ……… 035
【管理会社編】管理会社が不正を行っている ……… 038
【管理会社編】管理会社から管理委託契約を断られる ……… 040

【大規模修繕編】修繕積立金が足りない！　①管理費の滞納 041
【大規模修繕編】修繕積立金が足りない！　②インフレの問題 053
【大規模修繕編】組合運営が赤字である 055
【大規模修繕編】総会で合意形成できない 058
【大規模修繕編】見積もりがあまりにも高額 060
【組合運営編】役員のなり手が足りず、理事がいない 063
【組合運営編】居住者同士のトラブルが発生 065
【組合運営編】所有者に連絡がつかない 067
【組合運営編】理事会の会議が長すぎて敬遠される 068

第3章
管理会社を「最強のパートナー」にする！
管理会社との付き合い方・9の成功法則 071

【管理会社編】管理会社の仕事・委託内容を理解する 073
【管理会社編】管理会社の見積構造を知る 080
【管理会社編】標準管理委託契約書のポイントを知る 082
【管理会社編】管理会社の「闇」を知る 084
【管理会社編】管理会社と対等に付き合う 093
【管理会社編】重要事項説明のポイントを理解する 095
【管理会社編】管理会社変更を検討する 098
【管理会社編】「グループ会社だから安心」ではない 102
【管理会社編】管理委託費の引き上げを提示されたときの対応方法を知る 104
【コラム01】Q：希望や実情に沿った管理会社に変更するには？ 105
【コラム02】Q：管理費はどうやって削減すれば良い？ 108

第④章

15年に一度の大イベントを乗り越える！ 大規模修繕・10の成功法則

大規模修繕・10の成功法則 …… 111

【大規模修繕編】管理会社任せにしてはいけない …… 113
【大規模修繕編】長期修繕計画の基本を知る …… 125
【大規模修繕編】大規模修繕計画を立てるポイントを理解する …… 133
【大規模修繕編】修繕積立金に対する理解を深める …… 139
【大規模修繕編】積立金不足は4つの方法で解消する …… 147
【大規模修繕編】建物診断を受ける …… 149
【大規模修繕編】管理会社から見積もりを取る …… 152
【大規模修繕編】管理会社以外からも見積もりを取る …… 153
【大規模修繕編】施工業者はコスト重視で選ばない …… 154
【大規模修繕編】「大手だから安心」は誤解 …… 155
【コラム03】Q：大規模修繕工事の一時金を安く抑えるには？ …… 157
【コラム04】Q：高額な費用がかかる調査実施に応じるべき？ …… 160
【コラム05】Q：妥当性が判断できない設備交換にどう対処すべき？ …… 162

第⑤章

円滑な組合運営が成功の基本！ 管理組合運営・7の成功法則

管理組合運営・7の成功法則 …… 165

【管理組合運営編】組合の収支を細かく把握する …… 167
【管理組合運営編】お金と事業の計画を立てて「振り返り」を行う …… 173
【管理組合運営編】理事会、総会、設備点検、修繕などの年間事業計画を立てる …… 175
【管理組合運営編】住人の意識を高める …… 177
【管理組合運営編】管理規約のポイントを理解する …… 180
【管理組合運営編】理事会の進め方を考える …… 186
【管理組合運営編】外部管理者方式（第三者管理方式）を導入する …… 188
【コラム06】Q：理事長を継ぐ組合員がいない場合はどうすれば良い？ …… 191
【コラム07】Q：外部管理者方式（第三者管理方式）はどんな流れで導入する？ …… 194

第6章
「理想のマンション」を
実現するために …… 197

管理組合と理事会の運営は、前向きに取り組む …… 198
役員の若返りを通じて復活した管理組合 …… 199
管理組合と管理会社が良好な関係を築くために …… 201

おわりに …… 204

装丁　　　　　　　：金澤浩二
DTP・図版作成　　：明昌堂
編集協力　　　　　：ブランクエスト
執筆協力　　　　　：大正谷成晴
写真（p114 ～ 116）：PIXTA

第1章

なぜ、マンション管理がうまくいかないのか？

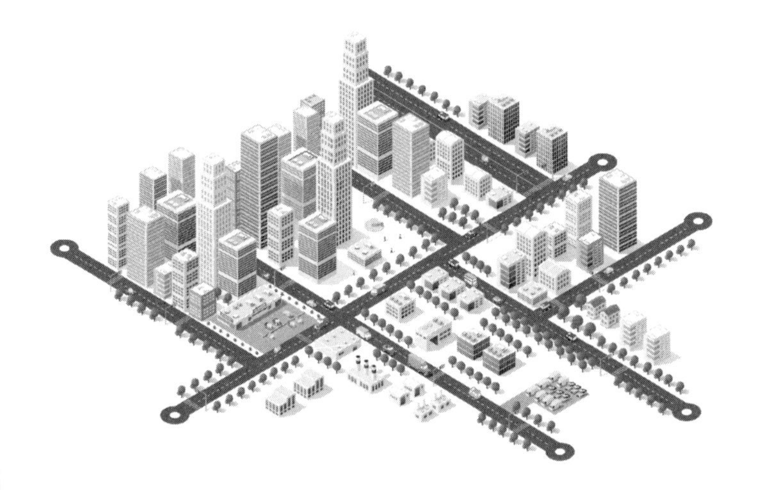

円滑な管理組合の運営がマンション資産価値の維持・向上に直結する

「はじめに」でも触れたように、マンション管理組合とは、建物や敷地などを共同で管理するための組織です。分譲マンションの区分所有者全員で構成され、加入が義務付けられています。自由に脱退することができず、管理組合を抜けるには住居を手放し、区分所有者でなくなる必要があるのです。

また、管理組合はマンションごとに自由に設立するのではなく法律で定められた団体であり、マンション管理について定めた「区分所有法（建物の区分所有等に関する法律）」では管理組合について、次のように規定しています。

> **「区分所有者は、全員で、建物並びにその敷地及び附属施設の管理を行うための団体を構成し、この法律の定めるところにより、集会を開き、規約を定め、及び管理者を置くことができる。」**

加入義務が生じるのは購入者であり、賃貸契約の賃借人や区分所有者の家族・同居人は管理組合に加入する権利はありません。

マンション管理組合の役割は、マンションを適切に管理して快適な住環境を整えることです。区分所有者は住戸部分を「専有部分」として所有しますが、エントランスやエレベーターなどの区分所有者全員で共有する「共用部分」を管理する人がいなければ、快適な状態を保つことはできません。清掃がしっかりと行われない、設備不良がそのままになっている、外壁の劣化が放置されるといった状況になり、資産価値の低下に繋がります。

そこで、住人が快適で安全に過ごせるようマンションを適切に管理する役割を担っているのが、管理組合なのです。

管理組合の業務は、主として「管理規約の整備」「共用部分の管理」「管理費・修繕積立金の徴収・管理」です。

詳しい説明は次項で行いますが、例えば皆さんも日々、ゴミの捨て方、駐車場・駐輪場やエレベーターなどの共用設備の使用方法など、管理規約で定められたルールに則って生活していると思います。そうしたマンションの適切な管理は、円滑な組合運営によりもたらされているのです。

私は多くのマンション管理組合を見てきましたが、組合運営がしっかり機能しているところほど快適な住環境を実現し、適切な修繕を通じて資産価値が守られ、住人同士のトラブルも少ないように思います。

こうした円滑な組合運営を日常業務として担うのは、組合員の中から選出された理事長や理事などの役員で構成される「理事会」です。理事会のメンバーは総会で選任されます。候補者として公募や推薦で選ばれることもありますが、公平性の面から大半の管理組合が輪番制で持ち回りにしています。

理事長をはじめとするメンバーは定期的に理事会を開催し、役員同士で課題などについて話し合いますが、原則として意思決定を行うのは総会、つまり区分所有者全員です。理事会は意思決定機関ではなく業務執行機関であり、その役割はあくまで総会で決定した事項の執行です。

なぜ、理事会に入りたがらない人が多いのか

近年は理事や監事といった役員になりたがらない人が増えています。

実際に、役員未経験者を対象とした「マンション居住者に対する、理事会運営に関する調査結果」(マンション・ラボ)によると、81.9%が「役員になりたくない」と回答し、理由として最多が「拘束されそうだから」でした。次いで「面倒くさいから」「忙しいから」と続きました。その一方で、回答者の44.9%が「役員の役割や取り組みを知らない」と答えています。

ほか、国土交通省の「平成30年度マンション総合調査」でも、管理組合の役員就任を引き受けない理由として「高齢のため」が36.4%と最も多く、「仕事等で忙しく時間的に無理だから」「面倒く

図表1　マンションの理事会役員になりたくない理由

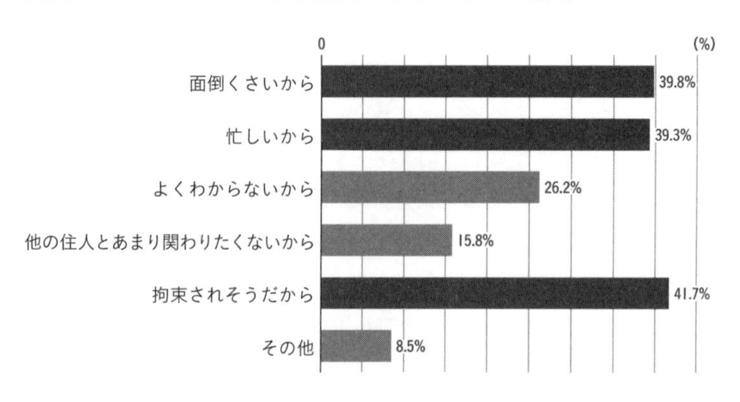

出典：マンション・ラボ「マンション居住者に対する、理事会運営に関する調査結果」をもとに作成

さいから」「何をしたら良いかわからないから」も上位となっています。

拒否する人が多いと理事会の運営は困難になり、マンション管理が疎かになっていくのは、言うまでもありません。しかし、輪番制でいつか役員になることは理解しているものの、「トラブルに遭わず1年を乗り切りたい」「大規模修繕のタイミングは避けたい」と思っている――そんな方が大半を占めている現実が見て取れます。

多くの組合員は理事会の役割や実務を知らず、なんとなく「手間がかかる」と考えている、ということがほとんどです。中には月に1回のペースで半日近く拘束される理事会もあり、難しい話を管理会社から聞かされ、最終決断のみ求められる……といった、ネガティブなイメージを抱く方も少なくないでしょう。

マンションの管理は管理会社の仕事？

そもそも新築マンションであれば、デベロッパーの系列会社が管理会社になっていることがほとんどです。毎月の管理費や修繕積立金、長期修繕計画などは、あらかじめ決まっています。このような状況だと「管理会社に日々の業務を任せておけば大丈夫」と組合員が受け身になりやすく、マンション管理に対する意識も希薄になりがちです。

中には、マイホームとしてマンションを初めて購入する場合、管理組合への加入義務について知らない世帯もいます。「近所付き合いは、ほどほどにしたい」「煩わしいことに巻き込まれたくない」という理由から分譲マンションを選ぶ層も一定数おり、そういった住人が増えればマンションが適切に管理されるのは難しくなります。

組合員すべてがマンション管理に興味がなく理事会運営に関わらなければ、設備は適切に維持・メンテナンスされず、共用部分を自分勝手に使うなど、マンション全体が無法地帯と化す恐れがあります。そうなると、住み心地が悪く、資産価値も下がるなど、住人（区分所有者）にとってプラスに働くことは一切ありません。私としてはぜひ、マンション管理組合に対して積極的に、そして前向きに関わってほしいと考えています。

「管理は管理会社の仕事で、住んでいる自分たちには関係ない」「管理会社に任せているのに、なぜ自分たちが考えないといけないのか」と思う方もいるでしょう。しかし、管理会社任せにすると、管理会社が好き勝手に運営を行い、最終的には区分所有者が痛い目に遭いかねません。

例えば、管理費や修繕積立金の金額が適切かどうか考えず、管理会社の言い値で支払っていたとしましょう。相場より高額だと、区分所有者にとって不利益になるのは言うまでもありません。

反対に管理会社の見積もりが甘く安すぎると、大規模修繕時に積立金が大幅に不足する恐れもあります。管理会社を暴走させないためにも、管理組合や理事会のメンバーがチェック機能を持たなければいけないのです。

理事会の具体的な仕事とは？

理事会役員の経験があればご存じだと思いますが、ここで理事会の役割と役職を改めて挙げてみましょう。国土交通省が作成している「マンション標準管理規約」によれば、次の通りです。

[理事会の職務]

◎規約もしくは使用細則等、または総会の決議により、理事会の権限として定められた管理組合の業務執行の決定
◎理事の職務の執行の監督
◎理事長、副理事長および会計担当理事の選任　など

[理事会の役職]

理事長

◎管理組合を代表し、その業務を統括するほか、規約、使用細則等または総会もしくは理事会の決議により、理事長の職務として定められた事項や、理事会の承認を得て職員を採用、または解雇を遂行する
◎通常総会において、組合員に対し、前会計年度における管理組合の業務の執行に関する報告を行う　など

副理事長

◎理事長を補佐し、理事長に事故があるときは、その職務を代理し、理事長が欠けたときは、その職務を行う

理事

◎理事会を構成し、理事会の定めるところに従い、管理組合の業務を担当する

◎会計担当理事は、管理費等の収納、保管、運用、支出等の会計業務を行う　など

監事

◎管理組合の業務執行および財産の状況を監査し、その結果を総会に報告する

◎管理組合の業務執行および財産の状況について不正があると認めるときは、臨時総会を招集する

◎理事が不正の行為をし、もしくは当該行為をする恐れがあると認めるとき、または法令、規約、使用細則等、総会の決議もしくは理事会の決議に違反する事実。もしくは著しく不当な事実があると認めるときは、遅滞なく、その旨を理事会に報告する　など

＊　　＊　　＊

マンション管理組合の役員は、理事会によって回数は異なりますが平均して年に３～４回程度、理事会を開催して各業務を遂行します。専門性が高く負担が大きい業務は、管理会社に委託するのが一般的です。ほとんどの組合が管理会社に委託し、中には外部の専門家を活用しているケースもあります。当社のようなマンション管理の専門会社を活用することで負担が軽減され、専門家によるアドバイスも受けることができます。

区分所有者には普段の生活や仕事があるため、共用部の清掃や駐車場、エレベーターの点検など専門性の高い業務を行うのは、現実

的ではありません。そこでマンション管理組合と管理会社が管理委託契約を交わし、管理業務を任せるのです。ただし先述の通り、過度に管理会社へ依存してしまうと実態に見合わない管理委託費や修繕費用を求められるなど、区分所有者にとって不利益が生じる恐れがあるため、対等な立場としてパートナーシップを結ぶ関係が理想です。管理会社との関わり方については、第３章で詳しく解説します。

管理組合の役員になることで管理費の使途、管理会社の仕事ぶり、ルールやマナーの周知などについて把握し、資産価値を高めるために具体的な案を考え、実行することができます。

マンション標準管理規約では年１回の定例総会の開催が義務付けられており、必要に応じて臨時総会を行います。総会はマンション管理組合における最高の意思決定の場であり、ここでは管理規約の改定、管理費・修繕積立金の使途、役員の選任・解任などについて話し合います。

原則として、区分所有者は定例総会に出席義務があり、議決権総数の半数以上が出席しないと有効に成立しない、という管理組合がほとんどです。ただし、出席できない場合は委任状などの書面提出や代理人の出席で済む場合があります。いずれにしても、理事会が独断でマンションを管理することはできず、役員以外の区分所有者も深く関わっているのです。中には、大規模修繕計画や防災、イベントなど特定の課題について調査・検討する専門委員会を理事会の下部組織として設置しているマンションもあり、その場合は役員でなくても専門委員会のメンバーとしてマンション管理に携わることができます。

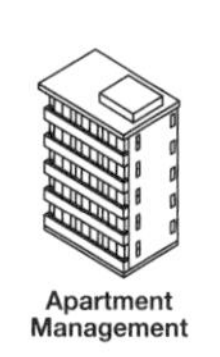

役員を選出する方法

理事会の役職や人数は、マンション管理規約に定められています。仮に100戸のマンションであれば役員数は10名、理事長は1人で副理事長は2人など、マンションの規模によって変わります。

役員の選出方法は、先述した「輪番制」が主流です。ほか、マンション区分所有者の中から立候補を募る「公募」や、主に現役員が候補者を挙げ新たな役員を決める「推薦」、マイナーですが総会の場で抽選して役員を決める「抽選」などがあります。

多くの管理組合を見ていると、マンションに対する意識が高く「自分が引っ張らないと良くならない」と思う方は自ら手を上げますし、中には理事長になればいろいろな権限が与えられるので、自身の利益のため立候補する、というケースもありました。とは言え、進んで立候補する人はほとんどいないのが実態で、役員に指名されれば引き受けるが、公募や推薦ではスムーズに選任できないパターンが散見されます。

こうした事情もあり、多くの管理組合では輪番制を採用しています。輪番制ではあらかじめ順番を決めておき、持ち回りで理事会の役員を務めます。区分所有者全員にとって公平な方法であり、全員が当事者意識を持ち管理組合の活動に取り組むようになることが期待できます。

ただし輪番制を取っている理事会では、理事長が自身の任期内に大規模修繕や修繕積立費の値上げを行いたくないという心理が働き、問題を先送りするケースが多いので注意が必要です。

役員を引き受けられない事情があるときは？

役員に指名された場合、断らずに引き受けるのが基本です。出張が多い、あるいは土日が勤務日であるなどの理由で断るケースも稀に見られますが、単に「忙しい」という事情は正当な理由とは見なされません。現に、ほとんどの区分所有者は働きながら管理組合の役員を引き受けています。客観的に納得できる理由がない場合は、仕事と役員を両立させる方策を考えたほうが良いでしょう。

役員になったとしても、理事会業務を１人で担うわけではなく、ほかの役員や前任者などに相談することもできます。内容や状況によっては、周囲と協力しながら業務を進めることもできます。役員を務めることにプレッシャーを感じるかもしれませんが、理事会や総会などを通じてマンション管理に対する意識も高まるというメリットがあります。

基本的に役員は無報酬です。役員を引き受けた人が不公平感を抱かないようにするため、一定の報酬を支払う管理組合もありますが、あくまでも少額にとどまります。ボランティアに近いこともあり、割に合わないと考える人がいてもおかしくありません。

自身や家族の健康不安など、やむを得ない事情の人もいるでしょう。とは言え、誰かが役員を辞退すると、ほかの世帯が不満を持つ可能性があります。それを和らげる方法として、辞退者から負担金を徴収する管理組合もあります。中にはその有無や金額を管理規約などに記載しているケースもあるため、新しくマンションを購入する場合は、事前に確認しておきましょう。

外部管理者方式（第三者管理方式）とは？

先述の通り、マンション管理組合の理事長は責任が重いため、スムーズに選任できないケースがあります。その場合は、外部管理者方式（第三者管理方式）を導入するのも１つの手段です。理事会役員のなり手不足が問題視されている近年では、外部の専門家に委託する方式に注目が集まっており、当社でも外部管理者方式のサービスを提供しています。

外部管理者方式は、2016年のマンション標準管理規約の見直しによって具体化された方式で、外部の専門家が管理組合の理事や監事に就任できるという内容です。住人の高齢化や賃貸化により発生する問題を解消し、管理組合運営の適正化に役立ちます。

外部に委託するため、その分費用が発生しますが、専門家に理事長業務を任せられるという点で安心感があり、より適切に管理業務を進めることが可能となります。

理事長を担う人材が不足していたり、専門的な知識がない人が理事長になり管理組合が機能不全に陥ったりするなど、管理や運営に苦慮している管理組合は多く、その数は今後も増えていくでしょう。外部管理者方式はこれらの有効な解決手段であり、前向きに検討いただきたいと考えています。

重要なのは、マンションの実態に合わせた組合運営を行うことです。理事会の役員になり業務を進めることだけが組合活動ではなく、外部管理者方式の導入なども含めて、管理会社にどういった業務を委託すれば良いのかを考えることが大切です。全体を見ながら、円滑な運営を行うようにしましょう。

二極化する管理方法 ——「自主管理」か「丸投げ」か

マンションの管理方法には「自主管理方式」と、管理会社に委託する「全部委託方式」があります。それぞれの特徴とメリットとデメリットは次の通りです。

[自主管理方式]

管理会社を通さず、区分所有者をはじめマンションの住人たちで管理する方式。分担し業務を遂行する。管理会社を使わないので管理委託業務費を削減でき、住人が連携して行うことから人間関係が密になり、マンション管理への意識が高まる。
一方で理事会役員の負担は大きく、設備の保守点検、修繕、会計など、各分野に精通しないといけない。また、不正会計や着服が起こるリスクもある。

[全部委託方式]

マンション管理業務のすべてを管理会社に任せる方式。管理組合の役員や組合員の負担は大幅に軽減され、区分所有者の中にマンション管理や会計などに詳しい人がいなくても、管理会社が代行してくれる。
ただし管理委託業務費が発生する、マンション管理に対する住人間の意識が希薄になりやすいというデメリットがある。

*　　　　*　　　　*

2つの中間として、手間がかかる日常の清掃や専門的な知識・技術が必要となる設備の保守点検を管理会社に委託する「一部委託方式」という方式も存在します。専門家が業務を代行するので、その分野に詳しくなくても構いません。ただし、理事会の役員はそれなりに業務負担がある上に、費用も生じます。

このように、管理方式は2つに大別されますが、実際の割合としては全部委託方式が圧倒的多数を占めています。自主管理は、住人（区分所有者）が一丸となり取り組むという意識がないと難しく、多様なライフスタイルを好む現代人にはあまり向いていません。専門知識を持つ組合員がいるとも限りませんから、専門家でない集団で自主管理を行って、何かトラブルが起きると、対応が後手になってしまうリスクがあります。

対して、管理会社にすべての業務を委託した場合、手間の削減になるほか、専門家から管理組合に対するアドバイスが得られるため、より良い管理組合の体制を構築できます。専門知識が必要な内容を相談・依頼できるという点が、管理会社へすべての業務を委託する最大のメリットだと言えます。デメリットを挙げるとすれば、コストがかかることでしょう。

管理組合と管理会社のいびつな関係

すべての管理会社に当てはまるわけではありませんが、ざっくりした高額な金額の見積もりを出す管理会社は少なくありません。例えば、役員から「来年に○○の工事を予定しているので予算を組んでほしい」と依頼されると、管理会社はその通りに対応し、翌年の新役員には今期の予算に入っていると説明します。その額が200万円で、実際の見積もりが190万円ならば、役員として違和感なく納得するでしょう。ところが実際にはこの見積額は非常に高く、工事業者に直接依頼すれば100万円以下でできるというケースはよくあります。

理事会によっては管理会社に相見積もりを依頼しますが、そこでも管理会社は190万円、あとは管理会社が懇意にしている業者に声をかけて、A社180万円やB社200万円の見積もりを出すことがあります。役員からすると「これまでの付き合いがあり、マンションに精通しているので10万円の違いなら管理会社に頼もう」と考えてもおかしくありません。仮に最も安いA社に発注したとしても、管理会社が裏でマージンを徴収していることがあります。ほか、管理会社が相見積もりを取得する際、相見積もり先に金額を指定し、自社より高いものを出させるというケースもあります。

適切な見積もりを取るには、管理会社の息がかかっていない業者を対象に、相見積もりを依頼すべきです。そうでないと、管理会社の手のひらで踊らされ、結局は高額な発注に繋がる恐れがあります。ところが、こういった裏の事情を知る役員は少なく、実際には、管理会社主導の見積もりになっているのが実情です。こういった管理会社の「闇」は、理事会や管理組合との情報格差をなくすためにも、ぜひ知っておいていただきたい事実です。第3章でも詳しく解説します。

現状のマンション管理会社に不満があるなら、変更することも可能です。契約内容は各社によりますが、更新のタイミングで切り替える、あるいは契約期間中であっても解約予告期間が定められているので、中途解約できます。

変更の理由はさまざまな声を聞きますが、中でも多いケースは、管理費の値上げや対応の悪さに対する不満でしょう。ほとんどのマンション管理組合が新築時の管理会社を使い続けるのには、理由があります。それは、新築時からマンションの状況を把握している管理会社という安心感からくるもので、長く付き合うことでコミュニケーションが密になって連携や相談がしやすくなる、という利点があるのです。

ところが、管理会社の対応に不満が募り、指摘するケースが見られます。そのまま管理会社による改善の見込みがないと、管理会社の変更に至ります。

ただし、不満があるからといって更新時期が訪れるたびに管理会社を変更するのは得策ではないと考えます。管理会社に不満を抱いているのなら、まずはそれをきちんと説明して改善を求めることが大切です。それでも改善されない場合に限り、管理会社の変更を検討する必要があるでしょう。

中には、デベロッパーのブランドを理由にマンションを購入する層もいます。すると「デベロッパー系管理会社をそのまま使いたい」と考え、管理会社の変更に反対することもあるようです。その場合、「今の管理会社への不満」「マンションの資産価値への影響」などをしっかり示し、話し合う必要があるでしょう。

トラブルで圧倒的に多いのは「管理会社」「大規模修繕」「組合運営」

マンション管理におけるトラブルで目立つのは、「管理会社との関係」「大規模修繕」「管理組合の運営」についてです。

管理会社の数は多く、サービスのレベルにも差があります。本来、管理組合と管理会社は業務を委託する側とそれを受ける側の関係ですから、管理会社は顧客である管理組合の依頼を適切に行う必要があり、管理組合は管理会社にどこまでの役割を求めるのかを把握する必要があります。ところが、管理会社のサービス内容に不備があるといった理由からトラブルに発展することが少なくありません。具体的には、次のようなケースです。

◉依頼に対する管理会社の対応スピードの遅さ
◉管理会社の担当者の教育が不十分
◉共用部分の清掃等、委託業務の仕上がりが不十分
◉共用部分における住人間のトラブル
◉管理委託費が高額
◉修繕費用が高額、内訳が不透明　など

これらのトラブルに関しては、理事会が中心となり管理会社に働きかけ、改善を要請する必要があります。管理会社の対応が改善されないまま放置されると、さらに大きなトラブルに繋がる危険性があります。

また、マンションの大規模修繕は多くの人や巨額の金額が関わる

ため、トラブルが起きやすいです。代表例を以下に挙げます。

●修繕積立金の不足
●見積もりが高すぎる
●総会で合意が取れない
●住人間での意識の違い
●管理会社や業者とのトラブル
●工事がうるさいなど近隣からのクレーム　など

こうしたトラブルを回避するには、長期修繕計画の見直しや、区分所有者・住人に対する丁寧な説明、管理会社との綿密な連携、周りへの周知などが有効です。

管理組合の運営に関するトラブルとしては、先述した役員の担い手不足を含め、次の４つがあります。

●役員の担い手がいない、理事が不在
●居住者同士のトラブル
●区分所有者に連絡がつかない
●理事会の会議が長すぎる　など

役員の担い手不足の対策としては、マンション管理に対する組合員の意識を高める、円滑に運営できる体制を構築するなどが考えられます。あるいは、先に述べた外部管理者方式（第三者管理方式）の導入を検討する方法もあります。住人間のトラブルは、ルールやマナーの周知をすればある程度はカバーできるでしょう。理事会の開催にあたって、区分所有者に連絡がつかないなどのトラブルについても、専門家である管理会社がアドバイスできることは多々あります。これらについても第２章で掘り下げていきましょう。

管理組合および理事会運営がうまくいかないとどうなる？

冒頭でも述べましたが、良好な住環境やマンションの資産価値の維持・向上を図るためには、管理組合や理事会の存在が欠かせません。運営がうまくいかないとトラブルが頻発し、管理会社との連携もスムーズにいかず、住み心地の悪いマンションになっていくことは確実です。

例えば、理事会のずさんな管理・運営によって管理費や修繕積立金を徴収できていなければ、適正な修繕工事ができずに資産価値の低下に繋がります。快適な住環境や円滑な理事会運営の実現に向け管理会社に業務を任せることはできますが、マンション管理の主役はあくまで管理組合と理事会であると認識しておくと良いでしょう。

中には、「業務がよくわからない」「仕事が忙しくて関わりたくない」と思う区分所有者もいると思いますが、将来後悔しないためにも、前向きに取り組んでいただきたいところです。

マンション管理の目的は、円滑な運営を通じた資産性の維持・向上です。その実現に向けて組合員や理事会の役員は「どのようなマンションにしたいのか」を自分たちで考えることが大切です。それは見た目をきれいに保つことだけではなく、「どこまでを管理会社に任せて、どこまでを自分たちで手掛けるか」を考えることも含まれます。すべてを管理会社に丸投げにするのではなく、役割分担を明確にすることで理事会役員や組合員のマンション管理に対する意識は向上し、具体的な行動に繋がっていくはずです。

第②章

マンション管理に頻出するトラブル事例

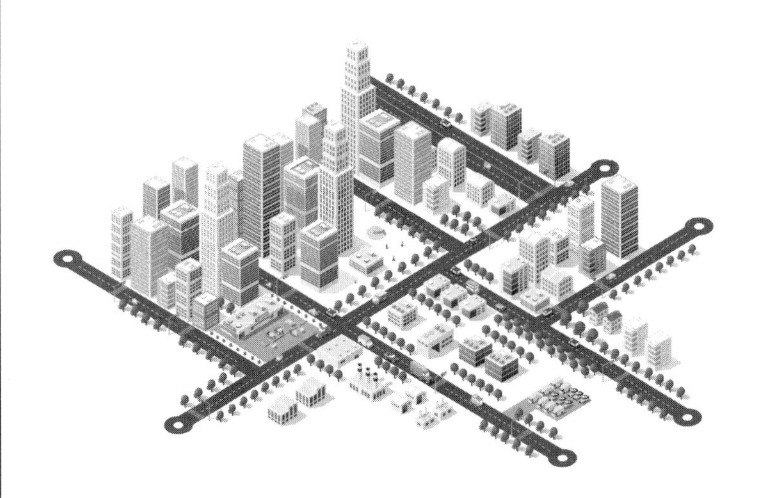

マンションは、生活リズムや価値観の異なる
多くの人が住まう場所だからこそ、
何らかの衝突が起こりやすい場です。
トラブルが起こらないようにするためには
管理会社との付き合い方、大規模修繕のスムーズな進め方、
管理組合の運営方法について知っておくことが
重要なポイントです。
本章では、マンション管理で頻出するトラブルの事例から
それぞれの解決策をお話ししましょう。

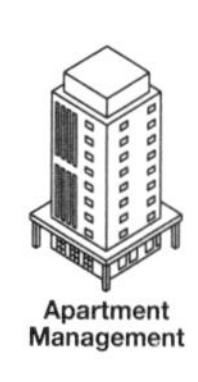

【管理会社編】「管理会社の得」は「管理組合の損」

これまで述べた通り、管理会社は管理組合の運営をサポートする存在で、いわば伴走者ですが、ビジネスの側面で見ると、両者は利益が相反する関係にあると言えます。管理会社のサービス提供価格を引き上げると管理組合の支出が増え、管理組合にとって痛手に働きます。反対に、管理会社が利益度外視でサービスを提供すると、管理組合は支出を抑えることができますが、管理会社のビジネスが成り立たなくなります。管理会社はあくまでも事業会社ですので、利益を追求するのは当たり前のことだと言えますが、管理組合の負担が大きすぎるのも良くないことから、両者は利益が相反する関係にあるということがご理解いただけるのではないでしょうか。

管理委託費やその他の業務に関して、法律や業界団体で定められた価格はなく、「適正価格」が可視化しづらいのも、両者間で不均衡が生じる原因の１つです。

まず、管理会社によって提供サービスのクオリティに差がありますので、サービス内容とコストのバランスを見極めにくいという事情があります。次に、担当者の力量に左右される部分が大きいという事情もあります。それは大手企業だから手厚い、中小企業はそれなり、というわけでもありません。

かといって、頻繁に管理会社を変えて比較検討することも現実的でなく、うやむやなところがありながら管理会社に言われるままの金額で費用を支払っている管理組合がほとんどだと言えるでしょう。マンション管理に対する意識の低い理事会や組合員が多いマンションほど、コストパフォーマンスを意識せず管理委託費を支払っているものです。

管理会社と管理組合は利益相反の関係にある

これには、管理会社側の事情もあります。かつて、今よりマンションの供給が盛んな頃は、管理戸数が多ければ多いほど、管理会社は収益を安定させることができました。それと同時に、多くのマンションを管理することで1棟当たりの管理委託費を抑えることもできたでしょう。

ところが昨今の管理会社は、各棟で利益を確保する体質への転換を迫られているのです。具体的には、不採算物件を手放す、あるいは人手確保のため人件費を引き上げるなどの手を打つ必要があり、管理委託費をはじめとする各種費用の値上げもその1つです。多額のお金が動く大規模修繕においても、自社の取り分を確保するなど、利益を積み上げるためにあの手この手と策を講じ、そのしわ寄せがすべて管理組合に及ぶのです。

私は、管理会社が利益を得ることを否定しているわけではありませんし、むしろビジネスですので適正な利益を得るべきだと考えています。しかし、管理会社が儲けようとする側に回ると、その分、管理組合に負担がかかる構造であることは理解しておかなければなりません。中には、大手であっても暴利を貪ろうとする悪徳な管理会社がいることも事実です。管理組合に所属している、またはこれからその可能性がある皆さんは、そうした管理会社の「好(よ)いカモ」にならないためにも、管理会社の善し悪しを見抜く目やコスト面を正しく見極める目を持っていただきたいと思います。両者の関係を理解しておくことで、管理を丸投げにしてコストが膨大になる、組合の資金が枯渇するといった後々のトラブルを防げるはずです。

【管理会社編】
管理会社が依頼した業務を遂行しない

管理会社とのトラブルとしては、「清掃や設備の定期点検が不十分である」「連絡や返答が遅い」「長期修繕計画案の内容がいい加減である」「見積もり提出の期限を守らない」「理事会・総会であまりサポートしない」などの事例が挙げられます。これらはすべて、管理会社の人手不足が原因で起きているのです。

かつての管理会社は、定年退職者をマンションに常駐の管理員として雇用するパターンが多く、比較的人材を確保しやすかったのですが、近年は65歳定年が一般化して働き続ける人が増えました。現役世代が減っているので雇用が追いつかず、さらに管理会社の担当者も足りていないため、１人で相当数の物件・戸数を抱えていることでしょう。

私が聞いた話の中には、１人につき大小さまざまなマンションを計14棟、1,200戸程度を担当させている管理会社がありました。担当者は、平均すると月８〜10回程度の総会や理事会、さらに修繕委員会などにも出席します。毎週の理事会の資料作成や議事録の作成に追われるため、それ以外の業務が疎かになるのは容易に想像ができます。日本全体で労働力不足が顕著になる中、こうした状況は今後さらに常態化していく恐れがあります。

たとえこれらの理由があったとしても、職務をまっとうしない管理会社に対して、管理組合は管理委託契約を打ち切ることが可能です。

通常、管理会社と管理組合は国土交通省が公表している「マンション標準管理委託契約書」の内容に準拠した管理委託契約書を締結しています。同書19条では、管理組合は3か月前に書面で解約の申し入れをすることにより、管理会社との管理委託契約を終了することができると規定されています。

管理会社側の対応がどうしても改善されない場合は、新しい管理会社を探して3か月の猶予期間を置いた上で解約し、新しい管理会社に業務を引き継いでもらう、という方法も検討しましょう。

過度な要求が管理会社を疲弊させてしまう

一方で、管理組合の皆さんにも考えていただきたいのは、管理会社はマンション管理に関する業務をすべて請け負うわけではないということです。

管理会社は、管理委託契約書に記載された業務は遂行しますが、それ以外は基本的に契約外です。にもかかわらず、管理組合が「何でもやってくれるだろう」と考えて管理会社に過度な要求をしたり、本来であれば管理会社がすべきではない業務を押し付けていたりしているケースも存在します。具体的には、契約で決まっている清掃の頻度・場所を超えた要求をしたり、「ゴミ置き場や植栽をもっときれいに保ってほしい」と求めたりすることはよくある話です。

もちろん管理会社側は、管理戸数を減らしたくないという思惑がありますので、これ以外にも、口約束や無料で仕事を受けてしまった、などの事情もあるでしょう。こうしたことが複数のマンションで起きてしまうと、それこそ担当者は手が回らなくなりますし、管理会社としても値上げせざるを得ません。

ところが、いざ交渉しても値上げに応じない管理組合が実際には存在するため、結局のところ、管理会社の事業環境が改善されない状態が続くこととなり、サービスのクオリティは下がる一方です。そのため、実際ここ数年で起きているのは、管理会社側から管理組合との契約を打ち切るという動きです。

これまでは見られなかったことですが、管理会社も顧客を選ぶ時代になりつつあるのでしょう。先に、大規模修繕における見積金額が過剰なケースについてお話ししましたが、もしかすると管理会社は、普段は無理難題を引き受けているからこそ、全体の収支を合わせるために、過剰な金額を請求しているのかもしれません。

管理組合側である読者の皆さんは、管理会社がサービスで受けてくれている業務はないのか、自分たちが過度な要求をしていないか、管理委託費は業務内容に見合った内容かなど、管理会社に重い負担をかけていないかどうかを改めて見直してみてください。「これまでこの内容をやってくれていたから」と流されるのではなく、しっかりと現状を確認してみましょう。

【管理会社編】
管理会社が不正を行っている

少し特殊な例ですが、管理費や修繕積立金など管理組合の共有財産に関する管理を管理会社に一任していたことで、管理会社が不正を働き、トラブルが表面化したケースが存在します。横領や着服されたという事例は、管理会社の規模に関係なく一定頻度で起きています。

持ち回りの役員が管理するにも手間がかかるため、たいていは管理会社に任せるようですが、管理組合側がしっかり監視していないと、不正に繋がる可能性が出てきます。管理会社が担当者に管理を任せきりであったり、管理会社内部のチェック機能が働いていなかったりすることが大きな要因と言えるでしょう。

ほかにも、住み込みの管理員が私物の購入時に架空の領収書を切った、役員や組合員から預かった集会場や駐車場などの利用料を着服したといった事件も現実に起こっています。ある日、役員が口座残高をチェックしたら覚えのない支出があった、設備の利用実績と出納が合わないことに気づいたなど、管理組合の役員が見つけて発覚することが多いようです。

監視の目が不正防止に繋がる

金銭面だけではなく、書類の不正トラブルもありました。管理会社が理事会・総会の開催をサポートする場合は、開催前に議案を作成し、目を通した理事長などの役員が署名捺印するのが一般的な流れです。ところが役員のチェックがあまりに厳しいと、修正に時間がかかるため、管理会社の担当者が独断で署名し配ったというケースが存在するようです。

ほかにも、定期総会は組合員の半数以上の出席が必須となるため、管理会社が委任状の回収を担当することがありますが、規定数を下回る数の委任状しか回収することができず、担当者が数をごまかした事例もあるようです。

ここまでに述べた管理会社のトラブルについて、すべての管理会社がそうとは言えませんが、管理組合や理事会役員がいい加減だと、管理会社側もルーズな対応になる傾向にあるのは間違いないでしょう。また、役員が輪番制で交代するうちに、管理会社に対するチェックが疎かになり、不正に気づかなかったということもありました。

もちろん、最も悪いのは管理会社ですが、管理組合の監視の目が不正防止に効果的だということは、しっかり覚えておきましょう。

【管理会社編】
管理会社から管理委託契約を断られる

先ほど触れたように、最近は人手不足や収益性の面もあり、管理会社から管理委託契約の更新を拒否される事態が起きています。物価高を理由に管理委託費の引き上げを打診して業務内容の見直しを提案したところ、管理組合側から拒否されたため、契約を更新しなかったというケースもあります。

繰り返しになりますが、これまでは管理会社もある程度利益を確保していたため、契約の範疇外の業務を受け続けていましたが、時代は変わりました。もはや管理会社は、自社の収益に貢献してくれない管理組合にこだわる必要はないのです。

むしろ、毎月の管理委託費を低く設定しているマンション管理組合は、値上げしないとビジネスにならず、応じないならば日常修繕や大規模修繕を高額な工事費で受注しよう、と考えるかもしれません。

管理会社とのトラブルは、管理会社側だけではなく管理組合に原因が見られることもありますが、原因のほとんどは、管理組合の管理に対する認識のズレにあります。そのズレを修正してすり合わせすることで、トラブルが起こる頻度を抑えることができるでしょう。

【大規模修繕編】
修繕積立金が足りない！①管理費の滞納

RC造のマンションは頑丈で、長期の居住を前提に建てられていますが、年月とともに少しずつ劣化し、機能・性能は低下していきます。住人が長く快適に住み続けるためには、管理組合は定期的にマンションを修繕しなければなりません。そのための計画が「長期修繕計画」であり、計画通りに修繕を進めるために必要なお金が「修繕積立金」です。

国土交通省が定めた「マンションの修繕積立金に関するガイドライン」では、計画期間の目安は30年とされ、大規模修繕は計画期間中に2回以上必要とされています。その重要性や概要、計画の進め方は建築基準法や国土交通省が定めた「長期修繕計画標準様式　長期修繕計画作成ガイドライン」などに示されており、例えば後者では長期修繕計画について、次のように記載しています。

「分譲マンションは、専有部分と共用部分で建物等が構成されており、共用部分については、区分所有者全員で団体（管理組合）を構成し管理を行うこととなります。建物等については、経年により劣化していきますので、それに対処するためには適時適切に修繕工事等を行う必要があります。ただし、修繕工事等の費用は多額であり、修繕工事等の実施時に一括で徴収することは、区分所有者に大きな負担を強いることとなります。場合によっては、費用不足のため必要な修繕工事等が行えず、建物等の劣化を進行させ

CHAPTER 2

ることとなり、それにより、あとで大きな負担が発生するおそれもあります。長期修繕計画は、そのようなことがないように、将来予想される修繕工事等を計画し、必要な費用を算出し、月々の修繕積立金を設定するために作成するものです。」

詳しくは第４章で解説しますが、長期修繕計画ではマンションの建物そのものや設備に関する修繕箇所を定めています。外壁塗装や防水工事は12～15年、エレベーター・立体駐車場設備の交換は30年、給排水ポンプ補修は８年など、場所により劣化が進むスピードに差があるため、修繕が必要になるタイミングも異なります。

これらの修繕に必要なのが修繕積立金です。管理委託費や火災保険料、共用部分の光熱費、管理組合運営費など、マンションで暮らすために必要となる管理費とは別の費目であり、修繕時に一括で徴収するのが難しいため、修繕積立金として毎月費用を積み立てて、修繕が必要になるタイミングに備えるのです。

ただし、この先30年の計画や収支を正しく見積もることができるか、あるいは必要な工事をすべて網羅できるかというと、難しいでしょう。時代によって新しい工事手法が誕生していたり、そもそも必要な工事が計画に盛り込まれていなかったりということもあります。すると、いざ工事が迫ってきたときに、修繕積立金の残高が不足していることが発覚します。そうならないためにも、長期修繕計画を定期的にアップデートし、現実的な内容に更新することが重要です。

修繕積立金の滞納が増えている？

マンションの規模・設備により異なりますが、国土交通省が実施した「平成30年度マンション総合調査」によると、管理費・修繕積立金を３か月以上滞納をしている住人がいるマンションは、調査対象となるマンション全体の24.8%にものぼりました。完成年次別で見ると、築年数の古いマンションにおいてその割合が高く、その理由としては主に次の３点が考えられます。

〈理由①〉：景気の低迷

長期的な収支計画のもとマンションを購入したものの、経済の低迷により世帯収入が思うように得られず、支払いができない。

〈理由②〉：平均寿命の延伸

高齢化社会による長寿化も滞納の増加と無関係ではない。老後資産の不足を懸念するあまり、将来の貯蓄に資金を回すことで支払いができない。

〈理由③〉：修繕積立金の増額

所有者の高齢化が進み、多くの世帯で収入が減っているにもかかわらず、修繕積立金・管理費は年々増加しているため、支払いができない。

＊　＊　＊

マンションにはさまざまな共用部分があり、区分所有者全員で管理することが定められています。具体的には、エントランスやエレベーター、外壁、大規模・ハイクラスのマンションになるとコミュニティルームやフィットネスジム、ゲストルームやプールなども共用部分に該当します。建物・設備の老朽化の防止、資産価値の下落を防ぐには、長期修繕計画の通り適切なタイミングで建物・設備のメンテナンスを行う必要がありますが、滞納があることで修繕費用が不足し、必要な修繕工事を実施できなくなるのです。そうなると建物・設備の老朽化が加速し、資産価値が下がるリスクは間違いなく高まるでしょう。

ほかにも、住人間の人間関係に悪影響を及ぼします。本来であれば住人（区分所有者）全員からの徴収分により修繕が成り立つはずが、滞納により費用が不足するとほかの人に迷惑がかかり、不公平感も生じるでしょう。最悪の場合、「ほかの人が払わないなら自分も払いたくない」と、負の連鎖に繋がる恐れがあります。

1,400万円の滞納が発覚したマンションのケース

この滞納に関して、当社で実際にコンサルティングを行った事例を紹介します。都市部に立地する築50年近い中規模マンションの管理組合で、会計上の修繕積立金は2,200万円でしたが、滞納によって実際は800万円程度しかなかった、という事例です。管理会計上は、滞納があったとしても収入として計上されるため、滞納者が多いほど会計上と実際の預金額の差が開くわけです。

結局、資金不足により予定していた大規模修繕は実施できず、時間だけが過ぎていき、ついにマンションの見た目はボロボロになってしまいました。また、給水管の老朽化で漏水が発生するなど、居住者の実生活にもさまざまなトラブルが発生していました。

このままでは資産価値の維持はおろか、住まいとして機能しなくなると判断し、理事会に対して一時金の追加徴収を検討するようアドバイスしました。このマンションの場合は給水管のトラブルでし

たが、しかるべきタイミングで大規模修繕を実施しなければ、屋根や外壁からの漏水、外壁タイルの剥がれ、エレベーターの故障など、さまざまなトラブルが起こってしまいます。

例えばエレベーターは、メンテナンスをせずそのまま長年使用し続けると、修繕自体が不可能になることがありますし、法律的にも問題となります。部品交換で済むはずだったのにエレベーターごと取り換えることになり、余計に費用がかかるという事態になりかねません。

先ほどの事例に話を戻すと、このマンションは管理組合を設立せず、一個人が各住戸から修繕積立金を徴収・管理していたという非常にレアなケースでした。その仕切っていた方が亡くなった後、誰も何もしない状態が続いていましたが、数名の住人が危機感を覚えたのか、マンション管理士に相談した上で管理組合を設立し、管理規約などを整備したのが今から約5年前のことです。

同時に修繕積立金の徴収ルールも定め、総会で合意したのですが、実際の集金に一切応じない方がいるなど、状況は芳しくありませんでした。これはまずいと思い、その頃、複数の管理会社に業務を依頼したそうですが、すべて断られ、そして2年前に当社へお声掛けいただいたときには、修繕積立金が1,400万円も滞納となっている事態に陥っていたのです。

なぜ複数の管理会社は業務を受けてくれなかったのでしょうか。そこには契約方式の問題が影響しています。大手の管理会社の場合、標準的な管理委託契約で明記されている「管理組合の支援」「会計出納」「ビルメンテナンス」「日常清掃」といった業務をすべて委託する「全部委託方式」でしか依頼を受けません。前述したマンションの場合、月の管理委託費は40万～50万円が妥当でしょう。ところがこのマンションにはそれほど金銭的な余裕はありませんでしたので、当社が管理費と修繕積立金の徴収業務のみ受託する一部委託方式という形で関わることになりました。

管理会社の立場からすると、全部委託方式でないと修繕関係など利幅の取れる業務が受けられず、ビジネス妙味は薄れますが、当社は一部委託方式でも依頼を引き受けています。

このマンションでは各区分所有者が、管理費を管理組合口座に振り込む形で入金を行っていました。しかし、その方法では振込漏れが多数発生し、滞納する方が後を絶ちません。そこで当社が管理業務に入った後は、口座振替に変更することにしました。約半数の住人に応じていただけたため、残りの半数の方々への対応と高額滞納者へのアプローチが課題となっています。

修繕積立金の滞納を解消するには？

滞納金の回収は、早期対応が最も効果的です。管理組合によっては着手が遅れ、滞納額が膨大になってしまうことが往々にしてあります。少額だからと放置していると、いつの間にか額が膨れ上がり、気づいたときにはもう手遅れになってしまうのです。

区分所有者が年金暮らしの場合、そのリスクはさらに高くなる傾向があります。また滞納者が所在不明で連絡がつかなければ、手の打ちようがありません。

では、滞納を解消するにはどうすべきでしょうか。以下に手順を記します。いずれも時効前に対処することが重要です。

〈手段①〉：督促する

滞納が起きたら理事会で報告し、口頭や手紙を通じて支払いを督促する。単なる支払い忘れや銀行口座の変更の可能性もあり、まずは穏便に済ます形で知らせるのが無難。

〈手段②〉：催告書を送付する

督促に応じない場合は、管理組合から内容証明郵便を送付する。法的措置を考慮していることを伝える手段として使われるため、滞納者が事態の深刻さを理解し、支払いに応じる可能性が期待できる。また、内容証明郵便による催告は滞納者への請求権利行使を公的に証明できるため、「消滅時効」（詳しくは後述）の成立による請求の解消を避けられる。

〈手段③〉：裁判所を通じて支払督促を行う

内容証明郵便による催告書にも応じない場合は、裁判所を通じて「支払督促」を行う。支払督促とは家賃・給与などの支払いが行われない場合に、申立人による申し立てに基づき、簡易裁判所の書記官が債務者に支払いを命じる手続きのこと。裁判所に出廷する必要がなく督促申立書を簡易裁判所に提出するだけで手続きは済む。管理費等の滞納の場合、管理組合が申し立てを行い、裁判所が滞納者に滞納金の支払いを命じる。
支払督促では滞納者に「いつまでに、滞納している管理費等を支払うこと」という支払督促の文書が裁判所より送付。文書を受け取ってから２週間以内に異議の申し立てを行わない場合、管理組合は仮執行の申し立てが可能になる。
仮執行の申し立てが承認されると、滞納者には「仮執行宣言付支払督促」を送付。さらに異議が出されない、滞納分の支払いがない場合は、確定判決と同様の効果が得られ、申立人である管理組合は滞納者の財産差し押さえなどの強制執行ができる。一方、書類受取から２週間以内に滞納者より異議が唱えられた場合は、裁判へ移行する。

〈手段④〉：訴訟を起こす

支払督促を送っても滞納者が支払いに応じない場合は、訴訟も検討すべき。管理組合が原告となり提起することができる。なお、裁判所からの支払督促に対して滞納者が異議を申し立てた場合も訴訟を起こすことになる。裁判で弁護士を立てる必要はないが、訴状の作成や裁判所への出頭、法的な主張をする必要があるため弁護士に相談するのが得策。ただし訴訟費用が高額になるため、滞納額が一定以上にならないと逆ザヤになる可能性がある。一般的な裁判では請求額が140万円以下であれば簡易裁判所、それを超える金額だと地方裁判所の管轄となる。裁判を通じて管理組合側の請求が認められると、強制執行に進む。

なお、滞納額が60万円以下の場合は、簡易裁判所で審理が行える「少額訴訟」が利用できる。少額訴訟では原則審理は1回で終わり、当日中に判決が言い渡される。よって、ここまでの段階で手を打ちたい。

〈手段⑤〉：強制競売を検討する

裁判で確定判決が出ても滞納金を支払う見込みがないと判断される場合は、財産の差し押さえのほかに、区分所有法第59条による競売を申し立てるという選択肢がある。これは、滞納者の所有するマンションを強制的に売却すること。区分所有法では特定の区分所有者の特定の行為が原因で、ほかの住人に著しく障害を与え、共同生活の維持を困難にしている場合に、管理組合は該当者が所有する区分所有建物の競売を請求できるとされている。

通常、住宅ローンを使用した場合は抵当権が設定されるが、当該マンションの時価を超えた抵当権がかけられていても競売することは可能。新たな所有者が決定すると、管理費・修繕積立金の支払い義務も物件とともに引き継がれ、新しい所有者へ滞納分を請求できる。この場合、管理組合による総会で全区分所有者および議決権の4分の3以上の賛成を得ることで、競売を実施できる。ただし、競売にかけても購入者が決まるとは限らない。
競売は、着手金などが高額であり全額回収できない、予納金などがあり一時的な出費が大きい、区分所有法の「共同の利益を害するもの」のハードルが高く、滞納が短期間の場合、裁判所が競売を認めない可能性が高いことから、あくまで最終手段として認識しておく必要がある。

管理組合で滞納分を請求する

裁判所からの支払督促や訴訟に発展する前に、管理組合で滞納者へ請求を行うこともできます。具体的な手順を見てみましょう。

〈手順①〉：理事会による検討

現行の標準管理規約では、未納の管理費等への法的手段の行使について「理事会決議で実施できる」となっている。管理費や修繕積立金の支払いは共用部分の管理に関わる事項であり、滞納に対してどのように対応するのかを管理組合の理事会で協議する。法的手段も複数あるため、まずは安価なものから実施し、解消しない場合は徐々に対応内容を厳しくするとよい。なお、滞納者への法的手段を理事会決議で実施できると記載されたのは平成23年の標準管理規約の改正以降であるため、それ以前に竣工したマンションで管理規約の改定を行っていない場合は、総会決議となる可能性がある。

〈手順②〉：総会での決議

法的手段の行使を理事会決議で実施できると記載していない場合、総会での決議が必要。理事会決議で実施できるとの記載があったとしても、訴訟費用が高額となる場合は総会での決議としてもよい。その場合は費用だけでなく、過去の督促の経緯や今後予想される展開などを記載すると、ほかの区分所有者の理解を得やすい。

〈手順③〉：計画に基づき法的手続きを進める

総会で議決された請求計画に基づき、請求を行う。滞納期間が短い場合は、理事会からの口頭や手紙による督促から実施するが、支払いに応じる見込みがないと判断した場合は内容証明郵便や裁判所を通した支払督促、訴訟といった法的手続きを取る。

〈手順④〉：差し押さえ

法的措置による確定判決が出た後も支払いがない場合、区分所有法第59条では財産の差し押さえが可能と規定されている。差し押さえの対象は滞納者の銀行預金や自動車などの所有物、滞納者が所有するマンションの住戸、滞納者の勤務先に対する給料債権など。

ただし、差し押さえは管理組合側と滞納者の双方にとって労力がかかり、いずれも望まない事態。重大な状況へ進展させないためにも、法的措置に応じない場合どのような問題に発展するのかを、滞納者へ前もって知らせておくことも大切。

*　　　　*　　　　*

滞納督促以降は、管理会社は非弁行為にならない範囲で対応が可能です。その場合は通常の委託契約ではなく、別途覚書を締結する必要があります。

管理委託契約に徴収代行が含まれるなら管理会社の担当者が徴収を行いますが、基本的には同じ区分所有者である役員が足を運び、払えない理由を尋ねたり、今後の徴収方法などについて話し合ったりするのが良いでしょう。ほか、1～2か月の滞納が発生した際にすぐさま対応する、弁護士に依頼する場合においてもまずは内容証明を送付するなど、訴訟の前にできることもあります。滞納が原因で修繕積立金を含む管理費等が不足している場合は、管理会社へすぐ相談することが大切です。

管理費等の滞納には時効がある

実は、マンションの滞納した管理費や修繕積立金には、時効が設定されています。マンションの管理費等の場合、「権利を行使できることを知った時から5年」と定められており、つまり支払い日から5年が経過すると時効となります。

滞納を放置してしまうと、滞納者側の「消滅時効」の援用が可能になります。消滅時効とは、権利を行使せずに一定期間が経過した場合、その権利を消滅させる仕組みのことです。

時効が成立する前に滞納分を回収するのが一番ですが、滞納が続く可能性もあるため、時効を成立させないための対策を取る必要があります。対策として、いくつかの方法が考えられますが、ここでは代表的な手段である「時効の完成猶予」を紹介しましょう。

「時効の完成猶予」とは、一定の事由により、期間内は時効が来ても時効が完成しないという規則のことです。例えば、時効まで残り1か月の時点で時効の完成猶予事由の1つである催告を行うことで、催告から6か月間は時効の完成が猶予されます。つまり催告できる期間が延長されるのです。
　管理費・修繕積立金の時効が過ぎれば、請求がなければ滞納者は消滅時効を援用でき、滞納分の請求を解消することが可能です。そうなると費用を回収することは二度とできなくなってしまうため、催告の事実が必要になります。管理組合から内容証明郵便で催告書を送付しておけば、滞納者への請求権利行使を行った事実が公的に認められ、時効成立を先延ばすことができます。

　ただし、管理費等の滞納が起きると督促や訴訟の手間が発生し、そのやり取りでマンション内の人間関係も悪化するため、最も大事なのは滞納を未然に防止することです。「管理費等の必要性を説明する」「口座振替で徴収する」「管理規約で規定する」「遅延損害金などペナルティを周知する」など、組合員に対する情報共有や仕組み化することが大きなポイントだと言えるでしょう。

【大規模修繕編】
修繕積立金が足りない！ ②インフレの問題

マンションの建築時に作成する30年先を見越した長期修繕計画には、物価変動が考慮されていません。そのため、実際に見積もりを取ってみると、10年前に試算した金額よりも資材の高騰や人件費の値上がりにより、積み立てていた修繕積立金では足りないという事態はよく発生します。

長期修繕計画に関するガイドラインでは5年ごとに修繕計画を見直すように指針が出されていますが、そのたびに必要な修繕費の総額が上がるといったケースも散見されます。

直近の修繕費用を反映させる

では、修繕積立金が足りないといったことが起きないようにするにはどうしたら良いのでしょうか。まず、適切な長期修繕計画を作成するためには、直近で実施した工事費を反映させましょう。

例えば、15年に一度必要な電灯設備の交換に100万円かかったとしたら、今後30年に２回の修繕に備えて200万円を用意しておくのです。大規模修繕も同様で、前回5,000万円かかったなら、次回も同額を見込んでおくのが基本となります。

ただし、先に述べたように物価は変動するため、５年ごとに大規模修繕の見積もりを取得し、長期修繕計画で予定していた修繕費用よりも上振れしているなら毎月の積立金を増額する、あるいは修繕が迫っているなら一時金を徴収するなど、具体的な策を講じなければなりません。とは言え、実際は5年ごとに見積もりを取ったり、物価上昇を見越して定期的な修繕積立金の引き上げをあらかじめ決めていたりする管理組合はほとんど存在しないのが実状です。特に引き上げに関しては、「根拠や妥当性はあるのか？」などと住人間で議論が紛糾し、合意形成に至らないことがよくあります。そして、いざ大規模修繕の直前になって積立金の不足に気づくのです。

こうした課題の先送りは、管理組合の運営において非常によく見られます。

実際のところ、物価上昇というのは工事費にどのくらい影響するものなのでしょうか。

参考として、新築マンション等の建築単価は年々上がっています。大規模修繕工事も同様で、足場仮設費用やシート、塗料などの資材も値上がりし、大規模修繕工事の費用も10年前と比較すると2～3割上がっています。ですから、対策として今から始められるのは、直近で予定している修繕に関しては、必ず見積もりを取っておくこと、これに尽きます。かつ、複数社から相見積もりを取っておけば、コストをより抑えた発注が可能になります。

一般的には長期修繕計画で見積もった金額を次年度の予算に組み入れますが、実際の見積もりと比べると上振れ・下振れがあるため、ぜひ相見積もりを実施しましょう。

【大規模修繕編】組合運営が赤字である

管理組合の収入は、管理費や修繕積立金、駐車場・駐輪場、集会室などの利用料などが挙げられますが、支出とのバランスが取れず赤字に陥ることもあります。

管理組合は、管理費と修繕積立金の２つの会計で管理するのが一般的です。前者は共用部分の水道光熱費や管理会社への管理委託費などが含まれ、後者は修繕関連の費用を積立金で管理するという内容です。その原資が管理費や修繕積立金であり、本来は管理費ごと、修繕積立金ごとに収支を管理するのが基本です。

しかし、中には管理費会計は常に不足しているが、修繕積立金の余剰が多い、あるいはその反対のケースも存在します。近年はエネルギーコストが高騰しているため、従来の管理費水準では不足する傾向にあり、修繕積立金を取り崩して管理費に充当している管理組合も見られますが、基本的には管理規約違反となります。

組合運営が赤字になる要因としてよく挙げられるのが、駐車場の稼働率低下です。管理組合の収入に駐車場使用料（特に機械式駐車場）がある場合、管理費の収入として計上している組合が多く、駐車場使用料を含めて日々の管理費を支払っているケースがあります。

駐車場使用料は、原則的に積立金として積み立てますが、組合によっては日々の管理費に充てることもよくあります。近年はクルマ離れが進み、駐車場の空き区画が増えるなど、駐車場の稼働率の低下が目立ちます。例えば30戸に対して月３万円の駐車場が10台分あるマンションのケースでは、かつては月30万円の収入があったのに、高齢化などで自動車を手放す住人が増えたことで半分が空き区画となり、管理組合の収入が15万円にまで減りました。高さ制限のある機械式駐車場の場合、トレンドのハイルーフ車両が停められないという事情もあるようです。

また、管理会社の業務が適正に実施されていない場合、駐車場を使用しているにもかかわらず使用料を請求していないなど、適正に処理されていないケースもあります。総会資料には共用部の収入が記載されますので、駐車場だけでなく自転車置場やバイク置場などの実際の使用台数と収入に大きな差がないか、確認すると良いでしょう。

大幅な引き上げは資産価値を下げる

管理組合の収支は「余剰が出れば良い」というわけではなく、予算通りに執行されることが理想です。もし赤字の場合、実態の収支に合うように管理費などを引き上げるべきですが、区分所有者の負担感を考慮し段階的に上げることも多いです。

管理費の値上げ幅はケースバイケースですが、当社の感覚としては、月額数千円まで（1,000～5,000円）の値上げ幅が許容範囲だと思います。上げ幅が１万円を超えると反発が大きくなりますので、月額数千円までに抑えるのが良いでしょう。

また、値上げによって管理費を支払えなくなり、滞納に繋がるリスクがあることや、管理組合や管理会社への不満に繋がり、売買に影響が出る可能性も考えられます。

こうした問題は、管理費のみならず修繕積立金も同様で、過度な引き上げは管理組合の首を絞める恐れがあります。中には、新築マンションの販売時には段階的な引き上げを明示していたり、一般的なファミリーマンションなのに管理費と修繕積立金で月５万円を超えるような高額な徴収を余儀なくされている組合も存在したりするようですが、区分所有者の負担があまりに重く、売却時にも買い手がつきにくく、八方ふさがりになりかねません。

繰り返しますが、持続可能なマンションにするためには、計画的に修繕積立金を徴収することが大切です。2024年２月、国土交通省はマンションの修繕積立金を段階的に引き上げて、区分所有者から徴収する場合の最終額を均等に割った場合の1.1倍以内に抑えるように求めるという案を発表しました。負担額の上げ幅が大きすぎて支払いが困難になるケースが生じていることがその背景ですが、こうして管理組合に計画的な積み立てを促す方針を掲げています。

【大規模修繕編】
総会で合意形成できない

実際に大規模修繕を実施しようにも、工事金額が大きいため、理事会が決定した内容に賛同できないという反対意見が出ることがあります。また、一定数以上の賛成で規約上は可決できたとしても、満場一致でなければ進めないほうが良いという空気感は、どの管理組合にもあることです。

ある管理組合の事例を紹介します。2回目の大規模修繕にあたって議論が紛糾しながらも、3分の2の組合員が賛成して総会は終わったのですが、のちに反対派が各住人を説得して回り臨時総会の開催にこぎつけ、1年をかけて再検討することになったという例です。

このマンションの大規模修繕は、初回である前回の費用は約5,000万円でした。それが今回の見積もりは約9,000万円で、「近隣の同じ築年数・規模のマンションが8,000万円で2回目の大規模修繕を実施した」という情報を聞き、先の決定に疑念を持ったそうです。そこで臨時総会を開催することをアドバイスしました。

ただし、総会で過半数の賛成を得て決議するまでに、大規模修繕に関してさまざまな検討や説明があったはずです。金額だけで比較すれば、「安いほうがお得」となりがちですが、1,000万円も異なる背景には、工事の内容や期間が関わっていた可能性もあります。本来であれば総会までに9,000万円に至ったプロセスや妥当性を確かめた上で合意に至るはずが、理事会がそこまで実施していなかったことが大きな原因と言えるでしょう。

大規模修繕は大きな金額が動きますから、プロセスを丁寧に踏んで進めなければトラブルのもとになります。たとえ総会で合意が取れないにしても、説明会を開催して修繕に対する疑問を解消したり、議案の内容を一部変更して再度総会を開いて決議を取り直したりといった対策を取る必要があるでしょう。

総会での合意が取れなければ、大規模修繕を進めることはできません。一度で合意を得るための事前準備を怠らないことが重要です。

【大規模修繕編】
見積もりがあまりにも高額

当社は多くの管理組合から、「修繕の時期が近づいたので見積もりを取ってみると、想定以上の価格で驚いた」「発注をためらっている」という大規模修繕についての相談を受けています。例えば、「A社から外壁・屋上防水工事で2,400万円の見積もりが出た」という管理組合からのご相談で、最終的には当社が1,800万円の修繕費用で受注したというケースがあります。差額の600万円には、管理会社の取り分や工事会社の外注分などが含まれていたのかもしれませんが、当社が見積もりを1,800万円と提示したところ、A社からすぐさま2,000万円という見積書が再提示されたそうなので、必要以上の利益を乗せていたのは間違いありません。

ほかにも、排水管の更新で管理会社から１億円超の概算が出た管理組合に対して、当社が6,400万円の修繕費用で受注したケースがあります。大手の管理会社は発注先（下請け）が大規模修繕業者であり、２～３割程度は利益を上乗せしているのではないでしょうか。また、大規模修繕業者も、下請けの総合建設業者⇒各工種で取りまとめる業者⇒実際に施工する会社という順序での発注となり、間に入る企業数が増えるほど、各社の利益が乗ることとなり、工事費の総額が膨らむ構造となります。その点、当社の場合は中間業者が入る余地はほとんどなく、結果的に価格競争力を発揮できます。

相見積もりが最大の対応策

繰り返しになりますが、高額な見積もりが出されたときには、相見積もりを取ることが重要です。ここで大事なのは、管理会社に任せきりにするのではなく、管理組合で工事業者を見つけて見積もりを取ることです。管理会社に任せると、裏で繋がっている業者から同額程度の相見積もりを取得する恐れがあるからです。手間はかかりますが数百万円、工事の規模によっては数千万円の差が出るのですから、ここで労力を惜しんではいけません。

適切な相見積もりを取るためには、利害関係のない業者に依頼することが重要です。とは言え、普段から建築関係の仕事に携わっていない限り、業者との接点はないものです。一個人が給水ポンプのメーカーに連絡を取ったとしても、「代理店を通してほしい」と言われる可能性が高く、実際に代理店に話を通すことができるのは法人である管理会社だけということも十分あり得ます。見積もりを取る際に、管理会社と付き合いのある業者だと、管理会社へ見積もり依頼があったことを報告するケースもあります。

また、管理会社と無関係の修繕業者を見つけて見積もりの依頼を出したとしても、業者からすると「一見さん」となりますので、高額な見積もりを提出してくるかもしれません。

自分たちで業者を探すというのは、このような難しさがありますが、今はインターネットを使いリサーチしやすい環境が整っています。ご自身で業者を探すことで、管理会社に任せきりの状態よりコストを抑えることは十分に可能でしょう。

会社の規模だけで判断してはいけない

大規模修繕工事は、大規模マンションとなれば億単位、小規模から中規模でも数千万円単位となりますから、悪徳コンサルティング会社や工事会社が群がりやすいという実情があります。よくあるのは、コンサルティング業務を安く受注し、コンサル会社が公募を行うという手口です。その後、コンサル会社と協力関係にある会社が選定されるような公募条件を設定し、決まった施工会社からキックバックを受け取るわけです。その分のお金は、工事代金に上乗せされています。

ここで気をつけていただきたいのは、コンサルタントが設定する「設立10年以上」「資本金○億円以上」「過去の実績」といった、業者の応募条件です。上記のようなフィルターを設けることで一定のクオリティを担保できる側面もありますが、社歴が長く会社規模が大きいからといって工事内容が素晴らしいとは限りません。むしろ、優秀であるにもかかわらず社歴・規模の条件が合わない会社は、土俵に上がることすらできません。そのため、気づかぬうちに選択肢を狭めている恐れがあるのです。ほかにも、管理会社が起用したい会社に合わせて条件を設定する場合もあります。

管理組合の目的は、コストパフォーマンスに優れた修繕を実現させることですから、会社規模だけではなく、過去の実績や工事の中身を精査すべきでしょう。

【組合運営編】
役員のなり手が足りず、理事がいない

これまで述べてきたように近年は、理事などの役員になりたがらない、あるいは理事が不在となり、管理組合が機能しないマンションが増えています。管理者が不在のため公共料金などの支払いができず、共用部の電灯がついていないマンションもあるほどです。

2020年に、経年劣化により３階部分の手すりが崩れた状態になっている、壁が崩落しているなどの管理不全を理由に、地方公共団体が行政代執行に踏み切ったマンションが話題になりました。理事がいないと見積もりの取得や承認が取れないために修繕工事は進まず、日々の管理も手薄になってしまいます。

業務負担が生じるため、役員になるのを避けたい気持ちもわかります。しかし、快適な住環境の維持に役員は必須だという本質を忘れてはなりません。現実的には、理事会運営は管理会社が作成した事業計画・予算に基づいて進められ、管理者（理事）は書面の押印だけを行っている組合が多数だと思いますが、区分所有者が主体的に管理組合に参加して役員を担うことで、管理会社の不正防止にも繋がりますし、管理会社と対等・良好な関係を築くためにも、役員の不在は避けたいところです。

第１章でも述べましたが、役員の担い手不足を解決するには、順番に役割が回ってくる輪番制の導入が現実的です。まずは立候補を募り、候補者がいない場合は推薦や輪番制を検討します。ここで注意すべきは、組合員の納得を得た上で始めることで、輪番制や推薦により理事になる可能性があることを事前に説明しておくのがポイントです。

輪番制の導入が難しく、どうしても理事になる人が見つからない場合は、管理会社やマンション管理士など外部の人間に理事長を依頼する「外部管理者方式（第三者管理方式）」の活用を検討しましょう。繰り返しになりますが、外部管理者方式とは、マンションの管理組合員以外の第三者に理事長の業務を委託することで、主にマンション管理士への業務委託となります。通常であれば、理事長は管理組合の役員から選出されますが、2016年に国土交通省が標準管理規約を改正し、外部の専門家など第三者の活用が明示されました。この外部管理者方式を採用することで、理事長のなり手不足の解消や管理組合の負担を軽減することができます。専門家に委託することで、適切なマンション管理が期待できるという面がありますが、管理会社が第三者管理をすると、本当の意味での「第三者」にならず、利益相反の可能性が高くなるため、注意が必要です。

ただし、管理費が発生することや、第三者への委託においても利益相反が発生する可能性が考えられます。特に、工事業者の選定などにおいてはインセンティブが発生する関係はないかなど、チェック体制を整えることが大切です。

なり手が少ない場合、「積極的な固定メンバーに任せておけばいいのではないか」と考えるかもしれません。組合員の意見を反映し民主的な運営をするなら問題ありませんが、中には自分たちに都合のいいように管理規約を変更するなど、管理組合を支配しようとする区分所有者がいてもおかしくありませんから、信頼できるメンバーに任せることが大切です。

【組合運営編】
居住者同士のトラブルが発生

多くの世帯が暮らすマンションでは、修繕の優先順位などでも、「自身に影響のある部分を修繕してほしい」という住人の意見を聞く管理組合が多く見られます。

あるマンションでは、建物と隣接するタワー型のパーキングにハトの巣があり、私は15階にある世帯から「外壁についたフンを取ってほしい」と依頼を受けました。外壁一面を清掃するには足場が必要で、そのための費用として、1,000万円近くかかります。一部の居住者のために高額なコストをかけて実施してしまうと、ほかの世帯から不満が募ります。最終的には数年後に実施する大規模修繕時に清掃することを約束しましたが、不公平感を伴う要求やクレームがトラブルの原因になることは覚えておきましょう。

以下に、よく起こるトラブルの例を挙げておきます。

[民泊]

近年増加傾向にあるトラブル。管理組合として認めるか認めないかをあらかじめ決める必要があり、国交省からもその指針が示されている。マンションとしての方針を決めていない場合は、すぐに決めたほうが良いと言える。

[共用廊下・駐車場・駐輪場]

共用部分のため、管理規約に基づいて運用する必要がある。ただし、過去の慣例や総会決議で規約違反を認めている場合もあり、マンションの歴史を知っている人が強い意見を述べてトラブルになることがある。その場合、マンションの管理規約がきちんと整備されているかが重要なポイントとなる。

[専有部からの漏水]

賠償責任が発生しやすい事例なので、管理組合と区分所有者の責任範囲をしっかり理解しておかなければならない。区分所有者同士が加害者・被害者になるため、保険の加入状況などもしっかり確認しておくことが大事。保険については、区分所有者が加入する保険と、管理組合が加入する保険（個人賠償責任保険）があるので、注意が必要。

[ベランダ（共用部）での喫煙]

昨今は喫煙できる場所が少なく、自宅でも喫煙できずにベランダで喫煙するケースがある。ベランダは共用部であり、基本的に禁煙となっている。煙が周辺住戸へ流れるだけでなく、床に焦げ跡がついたり、灰が洗濯物にあたり火事になるなどの危険もある。なかなか対象を特定することが難しく、解消まで時間がかかることが多い。

【組合運営編】
所有者に連絡がつかない

所有者と連絡が取れないことで組合の運営に支障が生じることがあります。区分所有者およびその家族が行方不明だったり、入居者が賃借人でオーナーは不在だったり、外国籍の方がいつの間にか帰国しており連絡がつかなかったりするケースです。

管理員が常駐するマンションなら、居住者の生活リズムを把握しているため、姿を見せない方がいたら家を訪ねる、場合によっては警察に通報することもできますが、中には管理員がいないマンションも少なくありません。加えて、最近は個人情報の観点から、管理員が住人と接触しにくくなっている傾向もあります。マンション内での人間関係が希薄になり転居に気がつかない、家の中で倒れていても気づかないことも珍しくありません。

このように、所有者に連絡がつかない場合は、不動産登記簿から所有者を突き止め、連絡先を見つけていくといった対応が必要となります。特に所有者がシニアの方の場合、離れて住む家族の連絡先を聞いておくなど、事前に何らかの対策を講じておくことがトラブルを避けることに繋がるでしょう。

【組合運営編】
理事会の会議が長すぎて敬遠される

理事を引き受けたくない区分所有者にその理由を尋ねると、「理事会の会議が長すぎるから」という答えがよく返ってきます。

多くの管理組合では、1か月に1回くらいのペースで1～2時間をかけて理事会を行いますが、大規模修繕工事や管理規約の変更など重要な課題がある場合は、さらに長時間に及ぶことも。中には、朝の10時から総会が始まり、すべて終わったのは20時だった……という管理組合の例を聞いたことがあります。月に2回理事会と修繕委員会があり、18時から日をまたぐまでというマンションもあるようです。これでは、理事になりたい人はいなくなりますし、意思決定がスムーズに進むはずもありません。

長時間の理事会は、管理会社の担当者にとっても歓迎すべきことでありません。というのも、理事会では主に会計や業務などの月例報告、前回の振り返り、現状の課題などについて議論しますが、一般的には管理会社の担当者が進行役を務めます。管理会社としては長時間の会議に同席すると採算が合わず、複数の物件を担当する中、1日で複数の理事会や総会があると手が回りません。そのため、1回の理事会は2時間までと契約書に定める管理会社も存在しています。

役員にとってだけではなく、管理会社の担当者のことも考慮すると、会議の時間はコンパクトにしておくべきです。

理事会を短く済ませるには？

管理組合の役員は、基本的にボランティアです。理事会が開催されるのは休日や夜間ということが多く、それだけでも役員には負担となります。ですから、短時間で行うことをしっかり心掛けておくことが重要です。管理会社側の段取りが悪いなら効率的に進行するよう改善を求める、理事会がお喋りの場になっているようなら2時間以内で終わらせるなど、明確なルールを定めて共有しておくのも良いでしょう。

また、事前に資料を配って目を通しておく、理事もマンション管理の知識を身につけておくなど、効率良く理事会を進めるために理事にできることはたくさんあります。こういった点に注意すれば、理事会の時間短縮が実現するはずです。

管理会社を「最強のパートナー」にする!
管理会社との付き合い方・9の成功法則

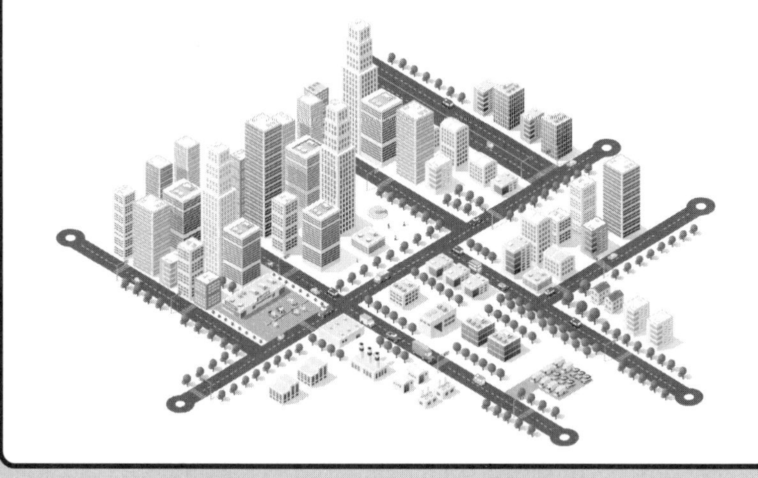

管理組合および理事会の運営は、理事会の役員が
中心となって定められた業務を遂行していきますが、
独力で進めるのは簡単ではありません。
ほとんどのマンションでは、マンション管理の
プロフェッショナルである管理会社と協業する
必要があるでしょう。
ただし、その付き合い方を間違えると、パートナーだった
はずの管理会社がマンション住人に不利益をもたらす
存在になりかねないこともまた、紛れもない事実です。
本章では、管理会社と良好なパートナーシップを築き、
マンションの資産価値の維持・向上に繋がる理事会運営の
ポイントを紹介します。

【管理会社編】
管理会社の仕事・委託内容を理解する

「対応が遅い」「管理が不十分」など、担当者の力量が足りず、管理会社への不満を募らせているケースは少なくありません。ただしその要因を深掘りしてみると、理事会役員をはじめ管理組合側が管理会社の業務範囲や委託内容を知らない、ということがあるようです。

管理組合が管理会社の役割や委託する業務内容を理解することは、良好な関係を構築するきっかけとなります。ここで、改めて管理会社の仕事を見ていきましょう。

管理会社は、管理組合からマンションの管理・運営を受託するプロフェッショナル集団

管理組合はマンションの区分所有者で構成されますが、日常の業務を行うのは組合員の代表である理事会のメンバーです。理事会のメンバーは、管理業務に加え定期的に理事会を開き、マンション管理に関する業務の執行などの役割を担います。ここで注意すべきところは、「管理組合員はマンション管理のプロではない」という点です。

マンション管理の業務は幅広い知識と経験が求められます。そのため現実問題として、管理組合だけでは適切な管理が難しいものです。また、役員や組合員のほとんどは本業があり、時間的に余裕がありません。さらに、区分所有者はご主人でも、理事会に出てくるのは、マンションの知識や役員の経験をまったく持たない奥様とい

うパターンも多くあります。そこで管理組合は、マンション管理会社に管理業務を委託するわけです。

管理組合が「マンションの区分所有者による管理の主体となる組織」であるのに対し、マンション管理会社は「マンションの管理・運営を管理組合から受託する組織」です。管理会社の主な業務内容は、マンションの適切な運営に重要な会計業務や、住人の暮らしやすさに関わる管理・点検などです。管理組合からすれば、管理のプロに任せることで、マンションを最適な状態に維持・管理できるということが最大のメリットです。

全部委託方式と一部委託方式

マンション管理には、管理組合が管理を直接行う自主管理と管理会社に委託する方式があるということは既に述べましたが、自主管理のメリットは、管理会社に業務を委託しないため管理費用が安く抑えられる、マンション住人（区分所有者）や管理組合の管理に対する当事者意識が高くなるという点です。ただしその反面、管理組合、特に役員の負担が重くなるというデメリットがあります。住人の高齢化により管理を継続することが困難になるなど、さまざまな問題が起きる可能性があることは知っておいたほうが良いでしょう。

一方で管理会社に委託する場合は、全部を委託する方法と、一部を委託する方法があります。両者の違いは次の通りです。

［全部委託方式］

マンション管理の業務を一括して管理会社に委託する方式。マンション住人（区分所有者）や管理組合の負担が少なくて済み、管理の質が理事会のメンバーに左右されず、安定した品質でのマンション管理が可能。また、設備の不具合・トラブルへの迅速な対応も期待できる。
ただし、管理コストが高くなり、マンション管理に対する意識が低下しやすい。管理業務の内容が管理会社主導で決まるので、管理組合の主体性が低下する恐れがある。

[一部委託方式]

管理業務の一部を管理会社に委託する方式。管理会社が直接行う事務管理業務など、一部の業務だけを依頼してその他の業務は管理組合が行う場合と、あるいは清掃や建物・設備の管理業務を各専門業者に個別に委託する場合とがある。全部委託方式に比べると、容易にコストを抑えたり調整したりできる。例えば清掃の個別の業務を管理会社経由で専門業者に委託すると、中間マージンが発生するため割高になるが、専門業者と直接契約を結ぶことでコストが割安になる可能性がある。ただし、専門業者の選定や発注、管理などの手間が増える。

＊　＊　＊

２つの委託方式を比較すれば、全部委託方式が最もシンプルで、管理の質が安定しやすい方式だと言えます。しかし、管理費の問題で難しい場合は、一部委託方式を検討すると良いでしょう。一方で自主管理の場合、管理の難易度が高いため、相当な覚悟と責任感を持たなければなりません。徹底して管理ができるのであれば質は高くなりますが、マンション管理に時間や労力を使いたくないといった場合はお勧めできません。

実際は専門性や手間などの面から、ほとんどの管理組合が全部委託方式を採用しています。管理会社の中には、全部委託方式でないと契約しない会社も多く、その理由として、一部委託方式は手間の多いわりに収益性が低いという事情があります。

自主管理を採用しているケースは、戸数が少なく住人同士のコミュニケーションが取りやすい小規模のマンションに多く見られますが、関西地方にある200戸規模のマンションで自主管理を採用しているという珍しい例があります。このマンションでは理事会が月1回開催されており、総会の出席率も高く、大半の組合員が「役員を引き受けるのは当然」と高い意識を持っており、円滑なマンション管理を実現しています。ほかにも、住居を売却するときはもともとの所有者が買い手候補にマンション管理の方針を詳しく話し、役員が面接する、という個性的なルールを設けている自主管理のマンションも存在します。

管理会社の役割

会社によって多少の違いはありますが、管理会社の業務として多いのは、次の4つです。

1 事務管理業務
2 管理員業務
3 清掃業務
4 建物・設備管理業務

さらに「1　事務管理業務」の中に、「基幹事務」「その他業務」があります。

基幹事務：会計業務／出納業務／マンションの維持・修繕の企

画、実施の調整
その他業務：理事会・総会などの管理組合支援業務／各種検査などの報告・届け出

いずれもマンションの管理・運営に重要な業務のため、管理組合側が業務内容を確認しながら管理会社に任せると良いでしょう。

また、「2　管理員業務」は多岐にわたりますが、主として次の4つに分類されます。

①受付等の業務：マンション住人や外来者との応接／備品管理／官公庁との連絡業務／住人への通知事項の掲示／入退去届の受理など

マンションの管理・運営の基本的な業務だが、近年では管理員がいないマンションが増え、勤務時間を縮小する傾向にある。管理組合は内容を確認しながら管理会社に任せるべき。

②点検業務：外観の点検／動作確認／管球交換　など

点検箇所はマンションにより異なる。

③立会業務：設備の保守・点検を行う際の立ち会い／清掃業務の立ち会い／共用部の修繕工事を行う際の立ち会い／ゴミ収集時の立ち会い　など

各種の立会業務を行う。時間がかかる業務があるので、任せることで組合員の負担低減に効果的。

④報告連絡業務：掲示物の掲示や、資料の配布、入退去者の報告など

マンション住人が共通の認識を持つために大切な業務。円滑なマンション管理に必要。

＊　　＊　　＊

管理会社の代表的な業務は、ご理解いただけましたでしょうか。自分のマンションの管理組合がどのような内容で管理会社と委託契約を結び、どのような業務を委託しているかは、管理会社との管理委託契約の内容を確認する必要があります。国土交通省による「マンション標準管理委託契約書」という雛形があるので、管理会社の変更時や契約内容の変更時には、ぜひ参考にしてください。

管理会社の種類・特徴を理解する

マンション管理会社は、大きく「デベロッパー系管理会社」と「独立系管理会社」に分かれます。それぞれの管理委託費、管理の品質などの違いを把握しておくと、選定の際に参考になるでしょう。

[デベロッパー系管理会社]

デベロッパーとは、マンションの建築・販売を行う開発事業者のことで、同じグループ内の管理会社をデベロッパー系管理会社と呼ぶ。大企業に多く、親会社が施工・販売したマンションの管理を行うことが一般的。

デベロッパー系管理会社は、ブランド力の高さから管理委託費が比較的高い傾向にある。グループ会社それぞれで利益を確保するため、管理委託費を安く設定することは基本的にない。ただし、各種設備の点検などをメーカー系のメンテナンス会社に依頼することも多く、安心感がある。

また、デベロッパーからマンションの設計や設備に関する情報を得やすいため、トラブルの際にスムーズな対応が期待できる。さらに、同じデベロッパーが開発した物件の管理実績が多いため、管理の品質が安定しているのもメリットの1つ。
注意点は、親会社であるデベロッパーに対し、子会社の管理会社が忖度する恐れがあること。デベロッパー側の不備で建物・設備に不備があったとしても、管理会社が強く言えず適切な対応を取ってもらえないという恐れもあり、管理会社が常に住人の味方に立ってくれるとは限らない。また安定した受注数があるため、管理会社から積極的に提案しない可能性がある。ただし、あくまでも傾向なので、すべてのデベロッパーに該当するわけではない。

[独立系管理会社]

親会社を持たない独立した管理会社を指す。マンション管理を専門としている会社が多く、デベロッパー系管理会社と異なり、リプレイス営業（管理会社の変更を促す営業）を積極的に行う。
独立系管理会社は、親会社やゼネコンなどとの関係性がないため、管理委託費は比較的安く設定されている。その一方で、大規模修繕工事などで利益を上げようとする可能性があるので注意が必要。マンション管理を専門としているため管理の知識に長けており、独自のサービスを持っている、あるいは積極的な提案を期待することができる。
ただしデベロッパー系管理会社と比べると、施工会社との関係性が薄く情報連携がなされていないため、トラブル時の対応が遅れる場合や、コストカットを優先するあまり管理の質が落ちる恐れがある。また、「管理費を安くする」という文句でリプレイス営業を行って受注し、その後の大規模修繕で利益を稼ごうとする会社も存在する。

【管理会社編】
管理会社の見積構造を知る

管理会社にどのような業務をどれだけの価格で委託しているのか、支払う費用を確認するには、先にも挙げた国土交通省による「マンション標準管理委託契約書」の内容明示例が参考になります。これは、管理会社から提示された見積もりをどのように理解すればいいかを判断する際に役立ちます。

【内訳明示例１】　第一号から第四号までの各業務費には一般管理費及び利益が含まれておらず、第五号で別に表示されているもの

定額委託業務費月額内訳

一	事務管理業務費	月額	円
二	管理員業務費	月額	円
三	清掃業務費	月額	円
四	建物・設備管理業務費	月額	円
ア	○○業務費	月額	円
イ	○○業務費	月額	円
ウ	○○業務費	月額	円
五	管理報酬	月額	円
	消費税額等	月額	円

これによって業務ごとの費用がわかるため、管理組合はこの情報をもとに管理委託費や業務内容の見直しや、管理会社の選定を進めると良いでしょう。

上記のうち特に注意すべき項目は、「事務管理業務費」と「管理報酬」の２つです。これらは管理会社が独自に決めるものなので相場がなく、管理会社の変更を目的に管理組合が他社から相見積もりを取ったとしても、金額が適切なのか判断することは困難です。一般的には、「フロント担当者」と呼ばれる管理会社の担当者の作業量や

拘束時間をもとに算出する方法か、あるいは事務管理業務に含まれる修繕関係の業務にどれほどの時間を割く必要があるかといった観点で決定する場合が多いようです。

また、管理会社が清掃業務などを外注する場合は、利益を上乗せした金額が提示されますが、その内訳は管理組合には知らされません。ただし、外注業務で多額の中間マージンは取れませんから、事務管理業務費と管理報酬を調整弁として使い、最終的に利益が確保できるよう合計金額が決まる、というのが一連の流れです。このような事情があるため、相場が非常に不透明なのです。

とは言え、「管理員業務費」「清掃業務費」「建物・設備管理業務費」は、相見積もりを取ることをお勧めします。例えば悪徳な管理会社の場合、「建物・設備管理業務費」に含まれる消防点検を月額5,000円で外注し、管理組合には5万円で請求するということは不可能ではありません。管理組合が違和感を覚えなければ、言い値の金額を支払うことになってしまいます。だからこそ、相場観を把握するために相見積もりが必要なのです。

例えば清掃業務の費用対効果が不十分な場合、この業務を専門業者との直接契約に切り替えるという方法があります。役員の負担は増えますが、管理委託費の内訳をもとに、コストパフォーマンスに優れたマンション管理を検討することができます。また、相見積もりを取得した結果、管理会社が提示している金額と大きな差がある場合、いきなり切り替えるのではなく、まず管理会社との価格交渉に活用してみましょう。

【管理会社編】
標準管理委託契約書のポイントを知る

前項の冒頭に挙げたのは、国土交通省が標準的な管理委託契約として示す「マンション標準管理委託契約書」の一部です。これはマンションの管理を委託する際、管理組合と管理会社との間で協議が整った事項を記載した管理委託契約書を、マンションの管理の適正化の推進に関する法律第73条に規定する「契約成立時の書面」として交付する場合の指針として作成されたものです。主として善管注意義務や守秘義務、事務管理業務区分、出納業務における財産の分別管理、修繕積立金の保証契約、契約更新の手続き、免責事項について定められています。

その内容は定期的にアップデートされています。2023年９月には、マンション管理適正化法等の法改正や役員の担い手確保、働き方改革、居住者の高齢化、感染症の流行といった近年のマンション管理業を取り巻く環境の変化に対応するために改定されました。多くの管理会社はこれをベースとして、独自の内容にカスタマイズしています。よって、管理組合側がその内容を把握しておけば、管理会社とどのような契約を結ぶのか理解を深めることができます。

実際に管理委託契約書を確認するときには、条文をあまり意識する必要はありません。重要なのは請け負う業務の詳細に触れている別表・別紙の部分です。別表や別紙には委託業務の内容や費用、細かい取り決めなどが書かれています。これらを重点的に確認することで、管理組合に不利な内容がないか、納得のいく契約になっているかがわかります。

例えば、ある管理委託契約書の別表には、日常清掃・定期清掃の業務内容や清掃対象部分・清掃内容・頻度が記されています。建物・設備管理業務も同様で、共用部分などの外観点検、給排水設備点検の詳細が明記されています。これらに目を通しておけば、取り決めに従って清掃や管理業務が実施されているかどうかを確かめることができます。同時に、業務内容とコストが見合っているかがわかるでしょう。

管理会社の中には、トラブル防止や人手不足を理由に「特定の業務については除外する」と、「やらないこと」を記載する場合があります。契約更新時に追記されるケースが多いので、管理組合側は見落とさないように注意しなければなりません。

【管理会社編】
管理会社の「闇」を知る

日本には登録を受けたマンション管理会社が約2,000社あり、2万棟を超える分譲マンションの管理を受託しています。これだけ多くの管理会社があると、サービスの品質は玉石混交で、中には悪質な業者も存在します。とりわけ目立つのは、大規模修繕時の「ぼったくり」とも言える金額設定です。

ここで、具体的な事例をご紹介しましょう。大阪市内にある築十数年の分譲マンションでは、大規模修繕を翌年に控えていましたが大きな損壊はなく、管理組合はそれまでに蓄えた1億円の修繕積立金で賄えると考えていました。しかし、デベロッパー系の管理会社が提示した見積額は、なんと1億6,000万円だったのです。予想を上回る金額に管理組合側は驚き、「相見積もりをした上で発注を検討している」と伝えたところ、管理会社の態度は一変し、1か月後には4,000万円ダウンの1億2,000万円という見積もりを再提示してきたそうです。不信感を募らせた管理組合は、設計コンサルタントに相談し、競争入札を実施しました。結局、入札に参加した4社のうち、約9,600万円を提示した大手工事会社が施工会社に内定しました。

このデベロッパー系の管理会社は当初、不足する6,000万円について「1世帯当たり60万円を集めるか、借入れをすることができる」と提案してきたそうです。100戸規模のマンションで築十数年経過後の大規模修繕です。他社であれば約9,600万円でできる工事にもかかわらず、1億6,000万円で提案して「相見積もりを取る」と言っただけで4,000万円も引き下げるというのは、管理組合をカモとして見ているとしか思えません。初めての大規模修繕ですと管理組合もわからないことが多く、余計にこういったことが起きやすいものです。

これは相見積もりの重要性が非常によくわかるエピソードですが、仮にこのデベロッパー系の管理会社に１億6,000万円で発注していた場合、２回目の大規模修繕時も同様の手口に遭っていた可能性が高いでしょう。

最近は、１回目とほぼ同じ修繕内容であっても見積額が高くなっている傾向が見られます。管理会社は物価高をその要因に挙げますが、やはり相見積もりを取ろうとすると金額を下げたり、実際に相見積もりを取った後で、さらに安い金額が提示されたりすることがあるようです。また、一般的に大規模修繕では、屋上や外壁などの建築系の工事を実施します。１回目の大規模修繕工事では、劣化の少ない箇所は塗装や簡易補修で対応できますが、２回目は全面張替や更新が必要となりますので、見積額を引き上げている可能性があります。管理組合側が、見積もりの内訳を精査する目を持つことが重要です。

役員をはじめ管理組合には大規模修繕の知識がなく、公平な見積もりを集めるのは大変なことでしょう。しかし理想を言えば、自分たちで積極的に行動して相見積もりを取る会社を見つけること、そして適正な費用で発注するために工種ごとに業者を確保することでしょう。

とは言え、現実的には手間もかかり難しいことなので、総合建設会社と繋がりを持てば、少なくとも管理会社ともう１社で相見積もりを取れる体制となるため、管理会社へのけん制となります。ただし総合建設会社は、大手になればなるほど見積もり依頼を受けても即答はせず、デベロッパーや管理会社に内々に相談するのが実態です。なぜなら、発注側となる大手デベロッパーと系列管理会社を飛び越えて受注すると、問題になる場合があるからです。また、設計監理方式で施工会社を公募で募る場合でも、同様のことが起こり得ます。受注調整をして出来レースになったり、あとからキックバックをもらったりする可能性もあります。

こうして総合建設会社は、実務を外注して中間マージンを確保しようとするので、その点に注意して自分たちのマンションに最も合った選択を検討する必要があります。

管理組合が大規模修繕を主導するには？

このような大規模修繕に関する不正は決して珍しいことではありません。2017年には国土交通省が、設計コンサルタントの不適切な活動について、次のような事例を挙げて注意喚起の通知を発出しています。

最も安価な見積額を提示したコンサルタントに業務を依頼したが、実際に調査診断・設計等を行っていたのは同コンサルタントの職員ではなく、施工会社の社員であったことが発覚した。コンサルタント（実際には施工会社の社員）の施工会社選定支援により同施工会社が内定していたが、発覚が契約前だったため、契約は見送られた。なお、同コンサルタントのパンフレットには技術者が多数所属していると書かれていたが、実質的には技術者でない社長と事務員１人だけの会社であった。

設計会社が、施工会社の候補5社のうち特定の1社の見積金額が低くなるよう、同社にだけ少ない数量の工事内容を伝え、当該1社が施工会社として内定したが、契約前に当該事実が発覚したため、管理組合が同設計会社に説明を求めると、当該設計会社は業務の辞退を申し出た。このため、別の設計事務所と契約し直したところ、辞退した設計会社の作成していた工事項目や仕様書に多数の問題点が発覚し、すべての書類を作り直すこととなった。

一部のコンサルタントが、自社にバックマージンを支払う施工会社が受注できるように不適切な工作を行い、割高な工事費や、過剰な工事項目・仕様の設定等に基づく発注等を誘導するため、格安のコンサルタント料金で受託し、結果として、管理組合に経済的な損失を及ぼす事態が発生している。

このように、大規模修繕における不正でよく見られるのが、「談合」「競合の排除」「追加工事ありきの見積もり」です。

「談合」とは、相見積もりにおける落札者と落札金額などの条件があらかじめ仕組まれ、結果的に管理組合にとって不利な金額になることです。先に挙げたように、設計コンサルタントを採用して相見積もりを進めたにもかかわらず、そのコンサルタントに騙されたケースが存在します。管理組合のそれまでの苦労は水の泡となり、金銭的被害は全組合員に及びかねません。

「競合の排除」とは、その名の通り競合を排除しようとする動きです。例えば、管理会社がすでに見積もりを済ませていたのに、管理組合が独自でしがらみのない工事会社に声をかけた場合、管理会社が圧力をかけて相見積もりへの参加そのものを辞退させたり、強制的に高額な見積もりを提出させたりするといったケースが該当します。公募の際、応募書類の提出先を管理会社にして競合を許可なしに落選させるというケースも競合の排除にあたります。

「追加工事ありきの見積もり」として代表的な行為が２つあります。１つは、定義が曖昧な「一式」という言葉の悪用です。見積もり時は「○○一式」といった項目で低めの金額にしておき、受注後に工事を始めると「管理組合の要望に応えるには追加工事が必要」などと主張して金額を引き上げます。

もう１つは「実数精算方式」の悪用です。大規模修繕では、工事前の見積金額を仮数量・仮金額とし、着工後は実数に基づき精算した正式な金額を確定する「実数精算方式」を採用するのが主流です。この仕組みを悪用し、意図的に数量が少ない見積もりを提出し、受注します。そして工事後に追加費用が必要だと主張するわけです。

なぜ、このような不正が横行するのか。その大きな理由は、管理会社・工事会社と管理組合には情報格差があるからです。理事会役員や組合員の中に建設関係に従事する方がいれば事前に気づけるかもしれませんが、ほとんどの場合そうではありません。そもそも十数年に一度の大規模修繕に関わること自体稀なことです。結局、工事会社の選定や見積もりの取得・比較、工事会社との契約、工事保証の範囲などの取り決めを管理会社に依存することになります。設計コンサルタントを入れて相見積もりを取ろうとしても、健全な事業者と不適切な事業者をどう見分ければいいのかわからない、というのが実情なのです。

大規模修繕は、悪質な管理会社やコンサルタントにとってはキックバックを受け取れるチャンスです。彼らは管理組合の利益よりも自分たちの利益を優先しますが、そうした不正を防止するには、管理組合が工事会社の選定を主導するしかありません。そして、相見積もりを取得する際は、管理会社から紹介された会社ではなく自分たちで候補となる会社を探すのが効果的です。管理会社任せにすると、談合など不正行為が仕組まれる恐れがあります。

どの工事会社が見積もりに参加するのか、各社の見積もり額がどのくらいかなど、工事会社の情報が外に漏れないよう、情報の取り扱いに注意したほうが良いでしょう。「見積額が明らかに高額」「修繕積立金残高とほぼ同額」「工事会社の見積もり参加の辞退が目立つ」「複数の工事会社のやる気が見られない」など、不正行為が疑われる場合は選定を仕切り直す、まったく異なるルートで工事会社を探すなど、何らかの対策をしなければなりません。

ただし、相見積もりを取るといっても、理事会役員だけで大規模修繕を適切に進めるには限界がありますから、建築に詳しい組合員やマンション管理士、あるいは当社のようなコンサルティング業務を手掛ける外部の専門家を招いた「修繕委員会」を立ち上げるのがお勧めです。理事には任期があり、交代すると検討が停滞する恐れがありますが、修繕委員会の任期を長めに設けたり、定期的に半数を入れ替えたりすることで、情報共有が途切れないようにすることが可能です。

管理会社の巧妙な予算組みに要注意

ここまで大規模修繕における不正について説明してきましたが、ほかにも、管理会社が予算の範囲内で業務を執行し、管理組合に対しては問題がないように振る舞っていても、実は問題が起こっているケースもあります。仮に修繕費の予算が30万円にもかかわらず100万円かかったとすると、なぜこれほどマイナスになったのか、組合員から質問攻めに遭うことでしょう。
ところが、事前に120万円の予算を計上しておけば、100万円かかったとしても指摘される可能性は低くなります。予算を多めに設定することで、そもそも100万円が正しい金額なのかどうか、組合員が気づきにくくなるのです。大抵の組合では予算を組む理事会と執行する理事会は期をまたぐので、詳細を知っているのは管理会社だけです。管理会社はその情報をあえてオープンにしないことで、うまいことやっているのです。

管理会社の多くは、「我々に任せておけばすべて対応する」というスタンスで管理をしています。そのため、総会での事業報告や収支報告もすべて、理事会に代わって管理会社が主導で進めることがあります。その場合、「議案がいかにスムーズに承認されるか」を重視するため、決算や予算だけではなく事業計画や修繕計画など、可能な限り管理会社の都合や思惑で進めることが多いのです。
例えば予算に関しては、管理会社が主導して予算を策定し、その通りに執行されれば管理組合は違和感を抱きません。管理会社は、収支が赤字になると役員から責められるため、赤字にならないよう本来より高めに予算を見積もるのです。実際に管理会社が多額のお金を使っていても、管理組合側はほとんど気づかないでしょう。こうしたことが常態化すると、将来的に管理組合の管理費等が枯渇する可能性があります。

なお管理会社は、「理事会や総会における決定事項は役員や組合員の意思である」という証跡を残さなければならず、議事録や打ち合わせ記録に管理組合側の署名を必ず取得します。すると、後になってから理事会の内容で何らかのトラブルが起きたとしても管理組合の責任にすることができるため、管理会社は責任を問われないのです。管理組合としてはこうした記録などを簡単に承認するのではなく、内容を厳しくチェックするようにしましょう。

利益率の悪化を理由に管理委託契約の内容を変更

もう1つ、「闇」というわけではありませんが、管理会社側の課題として人材不足があります。
「フロント」と呼ばれる管理会社の担当者だけでなく、管理員も人手不足が著しい昨今、フロントが不足すると1人当たりの担当棟数が増えて担当マンションの対応が疎かになり、必要な業務をできない場合があります。そこで、契約書の条文をうまく変更し、管理会社の業務を削減しているケースがあるので注意が必要です。例えば「消防点検に伴う報告等の補助」という条文に「消防計画の策定はしない」という文言を加えるなど、契約書の条文をうまく変更して「やらないこと」を明記してしまうのです。

ほかにも、これまでは書類を送付する際の郵便送付料は管理会社が負担していたのを管理組合負担に変更する、などのケースがあります。こうした内容変更は、管理委託契約書の別表・別紙の「業務仕様書」で確かめることができます。内容変更があれば、管理会社は総会で告知しますが、中には「管理委託契約書案に基づき内容を変更します」とだけ告げて、変更内容を詳細に説明しないまま承認を取ろうとするケースがあるため、特に理事会役員は、管理委託契約の更新時には、これらについて注意しなければなりません。

利益へのプレッシャーが不正に走らせる？

マンションの管理会社は、デベロッパーの子会社が入ることがほとんどで、新築時に管理会社側で収支計画や管理委託費などをすべて設定することができます。

新築当時はあまり管理に手間がかかりませんから収益を確保しやすく、収益性が高いからこそ管理組合からの要望を多少は受け入れたとしても、問題はありませんでした。ところが、近年は各種コストの上昇を受け収益性が低下しており、管理委託費の値上げをしなければ管理組合の要望に応えられないということが頻発しています。

これまで、管理会社は管理委託費を値上げすると解約に繋がる恐れがあるため、追加の要望に対する値上げを極力避けていました。代わりに修繕関係の見積もりを高額にして利益を確保するなど、マンション管理以外の業務で回収するビジネスモデルだったのです。ところが、ここ5年くらいの動きを見ると、大規模修繕時の不正や談合まがいのことが明るみに出たことにより利益が取りづらくなり管理委託費を上げざるを得ない、あるいは管理や修繕で利益に繋がらないのであれば解約をする、という動きが見られます。

管理会社はより高い利益を追求する必要があるため、手間ばかりかかって利益に繋がらない管理組合を切るようになったのです。こう考えると、いくつかの企業が不正に手を染めてしまったのは、あの手この手で儲けようと利益を追求しすぎた結果と言えるのではないでしょうか。

【管理会社編】管理会社と対等に付き合う

当社では、管理組合と管理会社はあくまで対等な関係性にあり、お互いの立場を尊重することがお互いの利益になると考えています。ところが残念なことに、管理会社と管理組合がいびつな関係になっているケースが散見されます。

例えば、分譲マンションには区分所有法や管理規約といったルールがあり、そのルールに則り運営する必要があります。しかし、区分所有者だけでそうしたルールを理解することは難しく、どうしても管理会社に運営を頼ってしまいます。知識・経験の差が大きいために、管理組合が管理会社に「教えを乞う」という構図ができてしまうのです。

管理に関しては多少やむを得ないのですが、修繕や予算の策定まで管理会社任せになると運営の主導権を握られ、好き勝手にさせてしまう恐れがあります。搾取や不正が起きてしまうのは、もちろん管理会社側に問題がありますが、管理会社への過度な依存も原因の１つなのです。

マンション住人による「カスハラ」問題

ほかにも、マンション住人や組合員による管理会社の担当者に対する高圧的な態度が問題視されています。マンション管理業協会の実態調査で、直近２年間で管理会社の担当者に対するカスタマーハラスメントの有無の割合を尋ねたところ、「ある」が64.7％（1,700件）にのぼりました。これを受けて国土交通省は、ハラスメント防止などを目的にマンション標準管理委託契約書を改定し、侮辱や人格否定発言、ネット上での誹謗中傷、執拗なつきまとい、長時間の拘束、深夜の電話などが該当すると例示しました。管理組合には是正に向けた配慮、管理会社には毅然とした対応を求めるとしています。

管理会社と管理組合は、あくまで業務委託契約を結んでいる関係です。そのため、双方が管理委託契約書の内容をしっかりと理解する必要があります。管理組合が委託契約の内容を正しく理解した上で、管理会社に対し適切な業務内容を依頼しなければなりません。

繰り返しますが、管理組合が行う業務は規約で定められており、その一部を管理会社に外注している、という構図が基本です。しかし「管理会社は組合の運営をすべてやってくれる」という意識になるとバランスがおかしくなり、いびつな関係になってしまいます。両者が対等な関係であれば「搾取してやろう」「何でもやらせればいい」といった考えは浮かばないですし、管理組合と管理会社とで協力体制が築きやすくなり、適切なマンション管理や管理組合の運営におのずと繋がっていくでしょう。

【管理会社編】重要事項説明のポイントを理解する

読者の皆さんには、本書を通じて現在の管理会社と対等な関係性を築いているかを見直していただければと思いますが、中には管理会社を変えるという選択が出る方もいるかもしれません。これについては次項で詳しく解説しますが、ここでは管理組合がマンション管理業者と管理委託契約を締結する際に重要となる「重要事項説明」についてお話ししましょう。

マンション管理会社は、「マンションの管理の適正化の推進に関する法律」によってさまざまな規制を設けられています。その中の１つに、「管理組合と管理委託契約を結ぶ場合や契約内容の変更時は、事前に『重要事項説明』を行うこと」とあります。

「重要事項説明」とは、管理事務の内容や実施方法、費用や支払い方法など、管理委託契約を結ぶか否かを意思決定する上で重要となる事項を説明することです。事前に「重要事項説明書」を交付し、契約範囲・内容について説明することとされています。重大な変更がある場合は、多くの組合員に理解してもらうため理事長などの管理者だけではなく、全組合員に対して実施することが義務付けられており、管理組合が契約内容を十分に理解した上で契約締結の意思決定ができるよう定めています。

そこで管理会社は、必要に応じて「重要事項説明会」を開催しますが、その際は１週間前までに重要事項説明書と説明会の日時・場所を記した書面を交付し、マンションの掲示板など見えやすい場所に掲示することが必須とされています。

管理会社が説明すべき重要事項とは？

管理会社が説明する重要事項は11項目あり、法律や政令・省令にまとめられています。

①マンション管理業者の商号又は名称、住所、登録番号及び登録年月日
②管理事務の対象となるマンションの所在地に関する事項
③管理事務の対象となるマンションの部分に関する事項
④管理事務の内容及び実施方法（法第76条の規定により管理する財産の管理方法を含む）
⑤管理事務に要する費用並びにその支払いの時期及び方法
⑥管理事務の一部の再委託に関する事項
⑦保証契約に関する事項
⑧免責に関する事項
⑨契約期間に関する事項
⑩契約の更新に関する事項
⑪契約の解除に関する事項

新規契約時は重要事項説明書の交付および重要事項説明会の実施が必須ですが、契約内容の更新時は、管理委託費の増額や業務内容の縮小など、管理組合にとって不利な変更については説明義務が生じます。重大な内容でなければ区分所有者への説明は不要で、理事長など管理者等に説明するだけで構いません。

重要事項説明で押さえておきたいポイント

管理委託契約の内容がわかっていれば、重要事項説明を細かく理解する必要はありません。と言うのも、重要事項の説明書や説明会では、管理委託契約の一部について改めて述べるためです。

大事なのは、管理委託契約の内容を確認し、理解することです。重要事項説明だからといって、特に身構えることはありません。ただし、交付された書類には目を通すなど内容の確認は怠らないようにしましょう。同時に、虚偽の内容が記載されていないか、必要な内容が漏れていないかなど、管理会社に説明義務違反がないかをしっかり確認することが求められます。

重要事項の説明義務に違反した管理会社は、国土交通省より監督処分が下されます。重要事項説明書を交付しない、あるいは説明会を実施しなかった場合は、業務停止処分となる場合があります。

【管理会社編】
管理会社変更を検討する

大手デベロッパーが開発したマンションで系列の管理会社が紐づいている場合、管理会社を変更できないと考えている方は多いですが、実はそんなことはありません。

現状の管理業務の内容や質には一定の満足感はあるものの、管理コストが高いという意見が多い場合は、管理会社の変更を検討したほうが良いでしょう。変更することで管理の質向上とコストダウンの両立に繋がる、ほかにも、住人（区分所有者）や管理組合員の意識が高まるという効果が期待できます。

管理会社を変更するときのポイントは、まずは現状の不満を解決してくれる管理会社を選ぶこと、そして複数のマンション管理会社から見積もりを取得し、契約内容とコストを吟味することです。具体的には、次の手順で進めると良いでしょう。

① 現状の問題点を明確にする
② 現在の管理会社と交渉する
③ 交渉が決裂したら複数の管理会社に見積もりを依頼する
④ 管理会社による現地調査やプレゼンテーションの実施
⑤ 内定後、重要事項説明を受けて総会を開き決議を取る
⑥ 現在の管理会社に解約を通知する
⑦ 新旧の管理会社で引き継ぎを行う

繰り返しますが、マンション管理は住み心地や将来の資産価値を

左右します。問題を解消してくれる管理会社に変更できるのであれば、ぜひ検討してみることをお勧めします。

管理会社の善し悪しを判断するポイント

管理会社の善し悪しをチェックするポイントは、次の4点に集約できます。

[①　責任者や担当者の経験値]

担当者の管理棟数や経験年数のほか、重要事項説明が大きなポイントとなる。重要事項説明は、管理業務主任者しかできない。管理会社は社員に対して管理業務主任者の資格取得を勧めるが、担当者が未取得だった場合、経験が浅い社員である可能性がある。

また、管理会社の仕事はハードなことから離職率が高く、常にフロント担当者を募集している。入社して間もない未経験の状態で担当を持たされていることもあり、担当者の力量にかなりばらつきがあるというのが実情。中途採用が多い業界なので、40〜50代で見た目はベテランでも、実は異業種からの転職者というケースが珍しくない。

接客レベルが高い、寄り添った対応を心掛けてくれるなどのポイントはもちろんのこと、安心してマンション管理や理事会運営を任せられる経験があるかどうかは、しっかり見極めておいたほうが良い。

[②　管理会社のスタンスが管理組合に合っているか]

ある程度、管理組合に業務を負担してもらい、協力しながら運営する方針の管理会社もあれば、業務の丸投げを求める管理会社も存在する。その分費用が増減する場合があるため、依頼する会社がどのようなスタンスなのかをしっかりと確認することが必要。
例えば、「管理費を気にせずすべてを任せたい」とサービスの手厚さを求める場合もあれば、反対に、「ある程度は自分たちで管理するので、大変な業務だけを任せたい」という管理組合もある。自分のマンションの要望に合うかどうかを確かめることが大切。
管理会社のスタンスは、パンフレットや見積もりだけではわからない部分があるため、実際に担当者に会って、ヒアリングを行った上で絞り込んでいくと良い。

［③　正確に議事録を取っているかどうか］

管理会社の委託内容には、多くの場合、理事会議事録・総会議事録の素案作成から議事録作成までの業務が含まれる。管理組合は、素案上で理事会や総会の議事が正確に記載されているかどうかをチェックするが、管理会社が「署名捺印だけしてください」と言って、管理会社へ都合の良いように内容を作成してしまうケースが少なくない。もしも管理会社が、「この管理組合のチェックは甘い」と判断すれば、管理会社にとって都合の良い表現になる恐れは十分にある。
よくあるのが、上司に知られたくないような事実が理事会で発言された場合、フロントの担当者が議事録には記載せず、うやむやにしてしまうケース。正確な内容の議事録を作成しているかどうかは、管理会社の姿勢を知るために重要なポイント。

［④　重要事項説明書に対する姿勢］

ルールに則り重要事項説明をしているかどうかもチェックすべきポイントの１つ。不手際が目立ち、信頼できない管理会社であれば、国土交通省によりペナルティを科せられることがある。
また、重要事項説明より手前のプロセスである管理委託契約書の内容についても、管理組合の要望が反映されているか、不備がないかをしっかり確認すること。
管理組合にとって不利な条件を提示する管理会社は、契約を見直したほうが賢明。

【管理会社編】
「グループ会社だから安心」ではない

先述の通り、新築マンションの管理は建設した大手デベロッパーのグループ会社が請け負うケースが多く、その場合は建設時の経緯を知っているため、何かあった際にはスムーズな対応が期待できます。ただしその場合、顧客である管理組合よりもグループ会社の立場を尊重した姿勢をとる可能性があります。管理組合からすれば「グループ会社だと安心」と考えるかもしれませんが、決してそうではないのです。

例えば、管理委託費が新築当初からかなり高く設定されているのはよくあることです。しかし新築当初は修繕などの必要はほぼないため、管理会社がやるべきことはありません。築10年を超えると修繕が発生して仕事が増えてきますが、管理委託費の値上げはハードルが高いので、新築時から高めに設定するわけです。

買う側は当初設定された金額を受け入れがちですが、実は委託契約の内容に見合っていないことがあるのです。

また、大手企業のグループ会社だからといって、それが安心や信頼を得る理由にはなりません。調べた結果、相場よりも高い業務があるのなら見直しを提案する、あるいはその業務だけほかの業者に任せるといった対策が考えられます。

信頼できる管理会社を探すには？

信頼できる管理会社を見つけるには、管理組合の運営方針を明らかにすることが第一歩となります。次に、その方針に沿った管理を提供する会社を１つひとつ確かめていきましょう。今はインターネットで管理会社の比較サイトがあり、情報収集や問い合わせをすることはさほど難しくありません。気になった管理会社に問い合わせを行い、契約内容や相見積もりで費用を比較すると良いと思います。

管理組合の困りごとや課題を把握して対応できるかどうかが大切で、細かく尋ねてみると良いでしょう。運営方針を言語化するのは簡単ではありませんので、マンション管理士や当社のようなコンサルティングを手掛ける会社へ相談するという方法が有効です。

【管理会社編】
管理委託費の引き上げを提示されたときの対応方法を知る

近年は、人件費の上昇や物価高を理由に管理委託費の引き上げを提示する管理会社が増えました。こうした場合は、管理委託費の内訳を精査することが重要です。必要のない業務があるなら、カットすることで管理委託費を引き上げずに済むかもしれません。

例えば、エレベーターの保守・点検には、装置・部品の全面的な点検や電球、オイル、グリースなどの交換・補充に加えて、故障や劣化した部品の交換・修理に対応する「フルメンテナンス契約」と、故障・劣化には対応しない「POG（Parts・Oil・Grease）契約」の2種類に分かれます。当然ながら前者のほうが保守料は高くなりますから、フルメンテナンス契約からPOG契約に変更するだけで毎月のコストを下げることができます。清掃業務に関しても、年4回の定期清掃を3回に減らすことで、費用の削減が可能です。

管理委託費の引き上げを提示されたからといってすぐさま拒否したり、管理会社の変更をほのめかしたりすると、管理会社との関係性は悪くなるばかりです。その前に管理委託費の内訳を見直し、変更できる点があるかなどをチェックすることをお勧めします。結果として、無駄なコストの削減に繋がるはずです。

［コラム Column 01］

Q 希望や実情に沿った管理会社に変更するには？

対象のマンション・管理組合：神奈川県／築40年／80戸
管理の状況：新築時より、自主管理を基本としつつ管理会社のサポートを受けている

管理委託費が高すぎて住人にマイナス

住人：築40年と築年数の古いマンションに住んでいます。自主管理を基本として管理会社に手伝ってもらうスタンスでこれまでやってきましたが、組合員の高齢化や賃貸化が増加していました。そして、もっと工事費用を抑えられる会社があったのに、高い費用のかかる管理会社と修繕契約を結んでいることがわかったのです。どうやら、管理会社と前理事長との間で癒着があったようで、このままだと管理組合が不利益を被るのではないかと不安です。具体的にどうすれば良いでしょうか。

藤原：それは大変ですね。理事長が交代されたということですから、これを機に役員体制を刷新し、現在の管理会社との契約を解除してはいかがでしょうか。組合員全員の合意のもと、新たな管理会社を選定する必要があると思います。

住人：管理会社は、どのように選定すればいいのでしょうか？

藤原：相見積もりをとることが必須ですが、その際は大手の管理会社だけではなく、融通の利く中小規模の管理会社も候補に入れて検討しましょう。そして、皆さんが管理会社にどんな対応をしてほしいのかを明確にした上で、その対応が可能な管理会社を選ばなければなりません。

住人：私たちは、できるかぎり自分たちで管理したいと考えていますが……。

藤原：それでは、理事会が無理なく行える業務が何かを考えてみましょう。その上で、管理会社の業務委託内容について事前にすり合わせを行います。例えば、日中に発生する日常的な組合運営は理事会が行う、夜間などの緊急対応は管理会社に依頼する、などが考えられます。

住人：なるほど。それでは、組合の意向を確認してみますね。

委託業務を仕分けしコストを削減

藤原：まず当社が行ったのは、理事会が管理会社に委託したい業務の明確化です。具体的には、「管理組合は管理業務をどこまで担うのか」「管理会社にいくらでどの範囲の業務を委託したいのか」といった点を確認し、曖昧な部分を整理しました。

住人：ヒアリングが、ニーズを可視化するのにとても役に立ちました。その結果、「日常の管理業務は自分たちで行う」「夜間などの緊急対応を管理会社にお願いしたい」という、私たちなりの方向性をまとめることができました。

藤原：内容が明確になったところで、大手の管理会社だけではなく、融通の利く中小規模の管理会社も候補に入れ、各社と事前にすり合わせを行いました。複数社を比較しながら要望に合う管理会社を探したところ、無事、条件が合う管理会社が見つかり、契約に至ったので、当社も安心しています。加えて、住人の高齢化や賃貸化による「役員のなり手不足」にも手を打つようアドバイスをさせてもらいました。

住人：特に参考になったのが「問題が起きてからでは遅いので、外部管理者方式（第三者管理方式）が導入できるよう、規約の変更を実施したほうがいい」というアドバイスでした。それを管理会社にも共有し、何かトラブルが起きたときも即座に対応できるよう運営を行っています。

［コラム Column 02］

Q 管理費はどうやって削減すれば良い？

対象のマンション・管理組合：東京都／築20年／20戸
管理の状況：新築時より、大手独立系管理会社が管理

委託管理費の値上げ要求に応じるべき？

住人：新築時から同じ管理会社に業務を委託していましたが、ここ数年の物価や人件費の上昇により、管理委託費の値上げを打診されました。

藤原：20年もお付き合いのあった管理会社からの突然の要請は、寝耳に水だったことでしょう。この場合、臨時総会を開催し、その是非を問う流れになります。

住人：その通りで、総会で値上げ議案を上程しましたが、承認は得られませんでした。コロナ禍以降の物価上昇により各世帯が生活に苦労しており、管理委託費の値上げにより管理費を引き上げないといけないのに、それは厳しいという声が大半でした。

藤原：管理会社との関係は良好でしたか。

住人：良くも悪くもないのですが、管理組合の実質的な運営は管理会社が担っていたと思います。理事会はほぼ開催されず、総会のみ年１回開催されるような状況で、管理会社主導の運営でした。

藤原：管理会社が手綱を握っている状態では、管理委託費の値上げ要請も、管理会社の主導によって承認されてしまう可能性もあります。

住人：それはどうしても避けたく、御社のマンション管理サービスに頼り、そこで委託内容を見直すようアドバイスを受けました。

藤原：管理会社に委託する業務は多岐にわたりますが、住人側がそのすべてを把握し、理解することは困難です。過剰な仕様を削減したり、点検を管理会社以外に発注する。ほかにも、住人自身が一部作業を実施するなどの方法で、コストを削減できる場合があります。

委託内容を見直し一部は直接契約へ変更

住人：このまま管理会社の言いなりになるとまずいと考えた役員が中心となり理事会を開き、さっそく委託内容とコストの再確認を進めました。

藤原：当社は、アドバイザーとして理事会の皆さんと関わり、管理会社への委託内容の見直しを実施。その上で、

エレベーターや消防の点検、日常清掃業務に関しては、管理会社経由ではなく直接発注したほうがコストを抑えられる業者をいくつかご紹介しました。また、給水方式が換えられることもわかり、ポンプの保守点検が不要な方式への変更もお勧めしています。

住人：今までは管理会社任せだったので、どの業務にどれだけの費用がかかっているか把握していなかったのを反省しました。管理会社経由ではなく、理事会の直接発注にすることで契約手続きや実施状況の確認は必要になりましたが、そこまでの手間はかかっていません。それ以上にコスト削減できるメリットが大きいと考えています。

藤原：管理会社に依存すると、相手からの要望を受け入れるしかなく、値上げに応じる管理組合も中にはあるでしょう。皆さんの場合、これを機に管理に対して意識が芽生えたこともよかったと思います。

住人：御社が提供している顧問サービスを提案され、総会でも承認されました。その後、管理組合と管理会社の間に入ってもらい私たちの実情を伝えていただくことで、相手にも納得してもらうことができました。関係は悪化することなく、管理は引き続きお願いしています。

藤原：管理会社からしても管理委託費は下がるものの、委託内容が減り、自社のリソースを他の管理組合に回すことができるので、大きな損失にはならなかったのではないかと思います。引き続き、今後もしっかりサポートしていきます。

15年に一度の大イベントを乗り越える!大規模修繕・10の成功法則

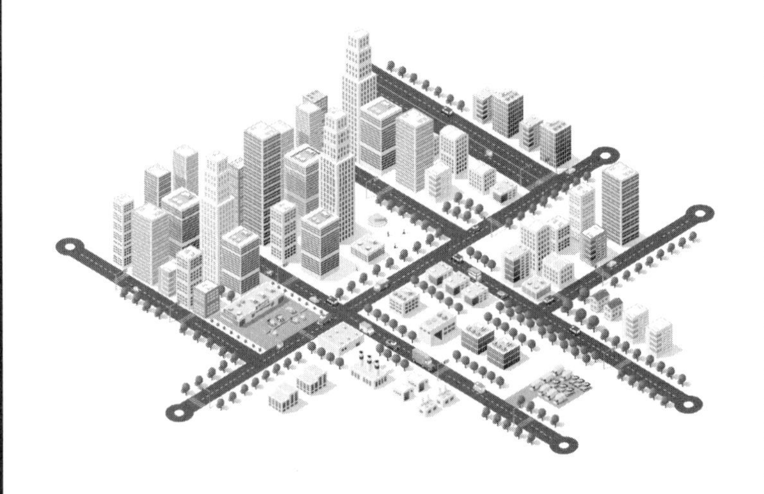

大規模修繕工事とは、経年に伴い劣化したマンションの
建物・設備を定期的・計画的に修繕することです。
基本的には外壁や屋上、バルコニーなどの共用部に
対して行われ、一般的には12～15年の周期で実施されます。
マンションの資産価値を維持・向上させるために、
大規模修繕は非常に重要です。
大規模修繕の年だけ注力すればいいというわけではなく、
長期的視点で、時間をかけて計画的に進める必要が
あります。
本章では、大規模修繕を成功させるためのポイントを
伝授します。

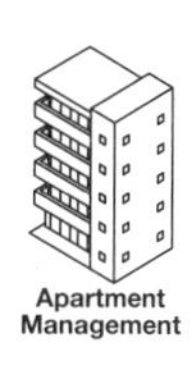

【大規模修繕編】
管理会社任せにしてはいけない

2021年に国土交通省が実施した「マンション大規模修繕工事に関する実態調査」によれば、初回における大規模修繕の１戸当たりの工事金額は「100万～125万円」（27.0％）の割合が最も多く、次いで「75万～100万円」（24.7％）、「125万～150万円」（17.4％）という結果でした。つまり、実に半数以上が75万円超を負担していることになります。マンション全体の大規模修繕工事費用の平均が１億5,237万円、中央値が8,665万円で、いずれにしても大きなお金が動きます。

マンションの躯体・設備は、新築時から時間の経過とともに、外壁タイルが剥がれるなど劣化・損傷していきます。これらを放置して万が一水漏れなどが発生した場合、劣化による損害は火災保険の対象になりません。漏水が発生すれば日々の生活にも支障が出ますし、資産価値にも影響します。快適な住環境を維持するためには定期的なメンテナンスが不可欠です。年数が経過したマンションの性能・機能・設備は、最新のマンションと比べると古いため資産価値は相対的に低くなりますが、大規模修繕によってもとの状態に戻せば、資産価値の維持に繋がります。

大規模修繕工事は、大きく「修繕」と「改修」の２つに分けられます。

◉修繕：建物・設備の機能をもとの水準まで回復する工事
◉改修：新たな設備・機能を加え、住みやすさや資産価値を向上させる工事

大規模修繕工事の種類

ここで、大規模修繕の代表的な工事種別を紹介しましょう。

[仮設工事]

工事期間中に必要となる一時的な施設や設備等に関する諸々の工事を指す。主に、工事を円滑に進めるための共通仮設工事（トイレや資材置き場）と工事に必要な直接仮設工事（工事用の足場や安全設備）の２つに分かれる。

[下地補修工事]

コンクリートなどの建築材に生じているひび割れや欠損を塗装前に補修する工事。塗装の下地となる部分を修繕しておかなければ、上から塗装しても短期間のうちに塗装の剥げやひび割れが再発するリスクがある。

[タイル補修工事]

建物内部の床や壁、外壁を覆っているタイルの補修。接着剤の寿命からおよそ10～15年程度のスパンで行うことが推奨されている。費用はタイルの状態によって異なる。

[シーリング（防水）工事]

外壁や窓枠の周りなどの取り合い部分の隙間から雨水などが侵入しないようにシーリング剤を充填する工事。シーリング工事を行

わずに雨漏りなどを放置していた場合、水による浸食と建物の劣化が加速してしまう。既存のシーリングをすべて撤去して新しいシーリングを充填する「打ち替え方式」と、既存のシーリングに新しいシーリングを継ぎ足して充填する「増し打ち方式」があり、打ち替え方式のほうが費用は高い。

［外壁塗装工事］

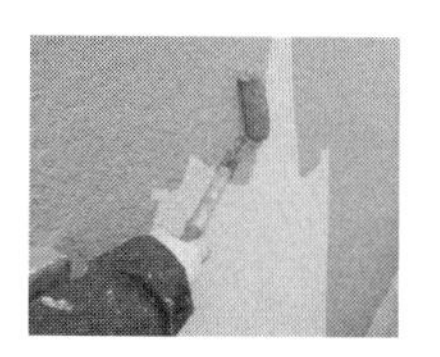

外壁の塗装は、およそ12～15年の間隔で実施する必要がある。外壁に塗料を塗ることで、空気や雨、紫外線による建物への影響を阻止する。耐用年数は、アクリル塗料が５～７年程度、シリコン塗料は10～15年程度、ラジカル塗料は12～16年程度、無機塗料は25～30年程度と、種類によって差が生じる。

［塗装工事（鉄部）］

扉や手すりなど、鉄が使われている部分を再塗装する工事。金属の腐食を防いだり、表出したさびが利用者を傷つけたりする事故を防ぐ。外観にも影響する。放置すると鉄部に穴が開き、塗装では修繕できなくなり、結果的に交換費用が発生して割高になってしまう可能性がある。

［屋上防水］

屋上は排水に時間がかかるため、防水用の層が作られている。上述の塗装工事と同様、マンションの環境や使用状況によって耐用年数が変わることがあるが、防水層は劣化によっ

て雨漏りなどの症状が発生するので、修繕が不可欠。耐用年数は種類によって異なり、ウレタン防水は8～10年程度、シート防水は10～15年程度、アスファルト防水は15～25年程度となる。

［付帯工事（エレベーターなど）］

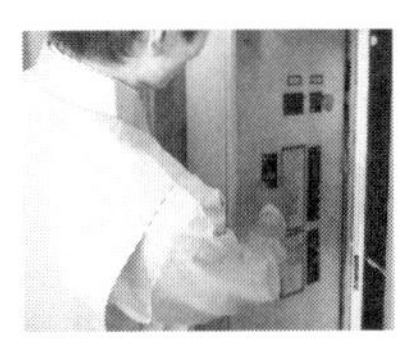

厳密には大規模修繕工事には含まれないが、エレベーターや貯水槽、駐車場など、施設に付随する設備の老朽化や劣化に対する修繕。設備の耐用年数はエレベーターなら25～30年程度、貯水槽なら30～40年程度、機械式駐車場なら約30年と長いため、そのほかの大規模修繕より実施頻度は少ないが、15年程度で一定のメンテナンスは必要。貯水槽であれば付随するポンプ、機械式駐車場もモーターなどの電装部品は15年程度で交換するケースがある。

工事を重ねるたびに金額は高くなる？

大規模修繕工事は定期的に行う必要がありますが、内容はいつも同じというわけではありません。例えば、1回目は屋根防水の補修・修繕や外壁の補修・塗装、建具の点検・調整など、建築系工事を中心に行い、2回目は屋上防水の補修・修繕や撤去・新設、傷んだ金物類の取り換えといった建築系工事に加え、耐用年数を超えた設備の入れ替えなどの設備系工事を行う、といった具合です。3回目となると新築から相当な年月が過ぎているため、1～2回目の工事内容に加えて、建築系工事では建具や金物等の更新だけでなく、敷地内の沈下した箇所の修繕やフェンスなどの更新、設備系工事では給排水管の更新や受変電設備、消防設備の更新を実施する場合もあります。

劣化・損傷状況に応じて工事内容は変わるので、普段から共用部

図表2 大規模修繕工事の実態

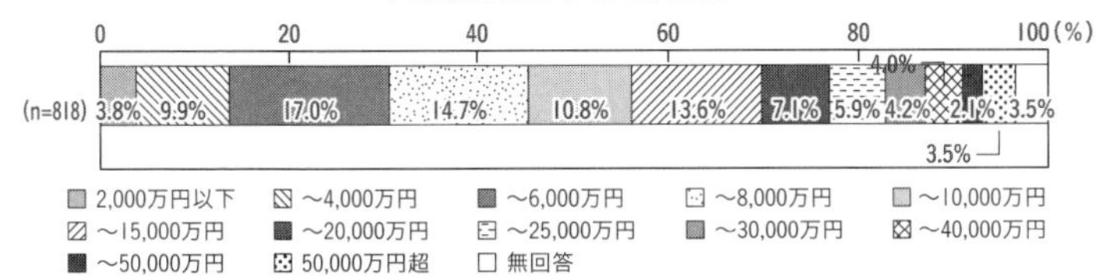

大規模修繕工事回数（工事金額について無回答は除く）	工事金額（万円）			
	下位25%値	中央値	上位25%値	平均値
1回目（n=332）	4,943.8	8,665.0	19,825.0	15,237.4
2回目（n=194）	4,858.5	7,660.0	13,806.8	11,702.7
3回目（n=242）	5,753.0	8,703.0	16,785.0	14,758.6

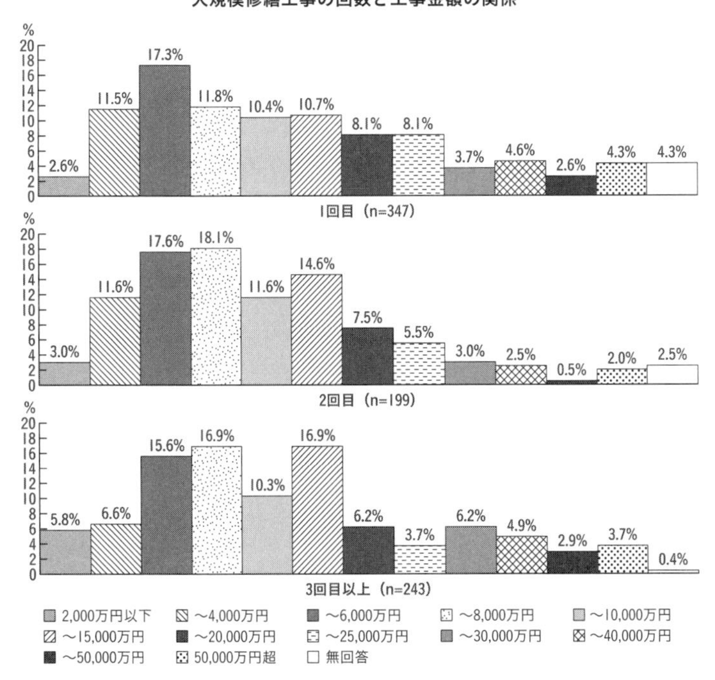

出典：国土交通省「令和3年度マンション大規模修繕工事に関する実態調査」をもとに作成

CHAPTER 4

を大切に使うことが工事費の細やかな節約に繋がると言えます。このように、経年変化に応じて実施する内容は変わります。

一般的には回数を重ねるほど工事対象が広がり、費用が高額になります。

それを示すかのように、「マンション大規模修繕工事に関する実態調査」によれば、マンション全体を見ると、1回目は「4,000万～6,000万円」、2回目は「6,000万～8,000万円」、3回目以上は「6,000万～8,000万円」と「1億～1億5,000万円」の割合が同率で最多です。

大規模修繕工事の発注方式

大規模修繕の発注方式は、大きく分けて「責任施工方式」「設計監理方式」「管理会社発注方式」の3つがあります。

[責任施工方式]

選定した施工業者に改修設計から管理まで一括して依頼する方式。管理組合が施工業者に直接依頼するためコンサルティング費用などの間接コストが発生せず、その分工事費が削減できる。
施工業者とだけやり取りを行うため手間がかからない一方で、大規模修繕の工程をすべて施工業者が行うため、費用の透明性や品質において信頼できる業者を選ぶことが不可欠と言える。

[設計監理方式]

外部コンサルタントを選任し、コンサルタントが主となって施工業者を選定する方式。工事の合意に至るまでの建物の診断や修繕・改修設計、資金計画などをコンサルタントに一括で依頼できるのがメリット。
設計監理方式を採用する場合は、外部コンサルタントの公募から始める。コンサルティング会社が決定するとその会社が建物診断を行い、劣化状況などを踏まえて必要な工事範囲が提案され、そこで決めた仕様をもとに施工業者を公募や紹介で探す、という流れになる。管理会社からコンサル会社や設計事務所などを数社紹介してもらってコンサルタントを選任するパターンが多く、ほかには管理組合や管理会社経由で声をかける、新聞で応募を募るなどいくつかあるが、見積もりをもとにコンサルタントの選定を進めることになる。
コンサルティングフィーは数百万円が相場だが、小規模なコンサル会社なら人件費と手間賃だけで受けてくれるし、大手になればなるほどコンサルティングフィーは高くなる。コンサル会社が中間マージンを目的に裏で繋がっている施工業者を選ぶ可能性があり、その点も注意が必要。管理組合は、コンサル会社によるプレゼンを受けて設計監理の内容や進め方をしっかり理解し、コストと照らし合わせて絞り込んでいくこと、そして発注方式の仕組みを理解し、自分たちでできる範囲を理解した上で選択することが大切。
コンサルタントが決まると、現地調査を実施して大規模修繕に必要な工事内容を決定し、工事プランの提案と見積もりを管理組合に提出する。工事後にトラブルが起きないように修繕箇所を細かく挙げるので見積もりは高額になることが多く、管理組合は修繕積立金と工事プランを見比べながら工事内容を決定し、併せて予算を決定する。これをもとにコンサルタントは施工会社をリサーチし、プレゼンを経て施工会社を選定する。工事開始後は、コンサルタントがプラン通りに工事が進められているか確認する「工事監理業務」を行う。

設計監理方式は、言うなればフルスペックのサービスなので、管理組合の役割は最終的なジャッジを下すだけで済む。手間を避けたいならこの方式がいいと言える。

[管理会社発注方式]

マンションを管理している管理会社に一任する方式。管理会社お

図表3　「責任施工方式」「設計監理方式」「管理会社発注方式」のメリットとデメリット

方式	内容	メリット	デメリット
責任施工方式	**選定した施工業者に改修設計から管理まで一括して依頼する**	・コンサルティングフィーが発生しないので工事費が削減できる ・手間がかかりにくい	・費用の公正性が保ちにくい ・第三者（専門家）の検査等のチェックがないため、手抜き工事などの品質低下が起こる可能性がある
設計監理方式	**外部コンサルタントを選任し、コンサルタントが主となって施工業者を選定する**	・コンサルタントに一括で依頼できるので、管理組合の負担が軽減できる ・設計と施工が分離しているので、工事施工会社が公正・公平に実施できる ・コンサルタントが工事監理を行うことで、品質の低下を防げる	・コンサルティングフィーが発生する
管理会社発注方式	**マンションを管理している管理会社に一任する**	・なじみのある管理会社担当者が窓口になるので、安心感があり、相談しやすい ・スピーディな対応が期待できる ・管理組合の負担を軽減できる	・費用が割高になる可能性がある ・工事価格が不透明になりやすい

抱えの業者、もしくは管理会社の子会社などが大規模修繕を担当する。

なじみのある管理会社の担当者のサポートが受けられるので安心感があり、相談しやすいというメリットがある。すべてを任せられるので管理組合や理事会の負担も抑えられ、工事完了後に不具合が起きても、管理会社が窓口になるのでスピーディな対応が期待できる。デメリットは、業者選定を行わないため競争原理が働かず費用が割高になる可能性があり、工事価格も不透明になりやすいこと。

大規模修繕実施までの流れ

大規模修繕は多くの業務が発生しますから、早めに準備に取りかかることが重要です。一般的な流れを見てみましょう。

〈STEP1〉：修繕委員会の設置

大規模修繕を実行するまでには、工事計画の立案や、建物や設備の劣化状況の審査、施工業者の選定、住民説明会など多くの業務が発生するため、理事会だけでは対処しきれない可能性があるが、修繕委員会を設置するとスムーズに進めることができる。

「大規模修繕に関する専門知識を持たない組合員や住人が、委員会に名を連ねていいのか」と思うかもしれないが、むしろ専門知識がないからこそ偏見なく業者を選定することができ、住人側の意見を反映させやすいと言える。ただし、専門的な知識が求められることに変わりないので、状況に応じて専門家に相談する必要がある。

〈STEP2〉：発注方式の決定

「責任施工方式」「設計監理方式」「管理会社発注方式」のうち、それぞれのメリットとデメリットを理解した上で、どの方式にするかを決定する。

〈STEP3-1〉：コンサル会社の選定

設計監理方式を選んだ場合、管理組合でコンサル会社を公募する。応募条件や求めるコンサルタントの基本条件、応募時の提出書類などの提出要項を細かく表示しておくと、スムーズに選定が進みやすい。会社によって数百万円の差が出ることがあるため、見積もりの比較が必須。

〈STEP3-2〉：施工業者の選定

責任施工方式を選択した場合は、施工業者を探す。ここでも専門誌やインターネット、マンション掲示板などを通じて募集をかけ、相見積もりを取ることが不可欠。人が住んでいる状態で安全かつ円滑に工事を進めるためのノウハウがあるかが重要なポイントとなる。施工業者がどれくらいの規模の大規模修繕工事を手掛けてきたのかという実績や、現場監督をする現場代理人の経歴や人望、アフターサポート、経営状態などを忘れずにチェックすること。設計監理方式の場合は、コンサル会社を通じて施工業者を選定する。

 〈STEP4〉：説明会の実施

理事会が主体となってマンションの組合員や住人（区分所有者）への説明会を開催する。工期や安全に関する注意点や日常生活に及ぼす影響を説明し、問題点については施工業者と協力して解決することで、大規模修繕工事に対する理解・協力を得ることができる。

〈STEP5〉：工事開始

工事が始まるとマンションの周囲には足場が組まれ、作業員や作業車輌が頻繁に出入りし、騒音が発生するので、居住者にとっては大きなストレスになる可能性がある。理事会や管理会社が安全に関する情報や注意点を掲示板で告知する、各戸にチラシで配布するなど、大規模修繕工事に関する広報活動を積極的に行うことで、工事に対する理解が高まり、協力が得やすくなる。

管理組合が取り組む姿勢と注意点

大規模修繕は管理組合主体で進めるのが理想的ですが、ノウハウや施工業者とのコネクションがないため、現実的には管理会社に任せることがほとんどです。

大規模修繕のタイミングが近づくと管理会社からアナウンスがあり、発注方式の説明が行われます。管理会社が利益を取りたいなら管理会社発注方式を勧めるでしょうし、管理組合・管理会社の双方の手間を軽減したいなら設計監理方式を勧めるでしょう。設計監理方式の場合でも、裏で談合などのリスクが考えられるため、注意したいところです。

先述の通り、管理会社発注方式は多くの業務を管理会社に任せられるので、ある程度は手間を省くことができます。ただしこの場合、あらかじめ施工業者が決まっていて、実際に見積もりを見ると予想以上に高額だった、というケースもあります。相見積もりを取った場合でも、管理会社に任せると息がかかった施工業者だけに声をかけるので、出来レースになっている可能性があります。外部の施工業者から相見積もりを取ったとしても、他社と工事の内容や仕様が異なっていて単純比較ができないなど、あらゆる場面で管理会社にとって有利な進め方になる恐れがあるのです。

そのため、管理組合自らが主導する責任施工方式が最も透明性が担保でき、金額面での納得感は得やすいと言えます。

設計監理方式の場合、設計の仕様はコンサルタントが主導しますが、責任施工方式だと施工業者独自の提案を受けやすいというメリットがあります。例えば、「A社はこういう工法で1億円かかる、B社は保証期間が短くなるが7,000万円で済む」といったように、さまざまなプランを比較することで、マンションにとって最適なプランを見出すことができるでしょう。インターネットを使えば、複数の施工業者を容易に探すことができます。

ただし、複数の会社から上がってくる見積もりに記載されている工事内容や金額、工期などの妥当性は誰がチェックするのか、工事が計画通りに進行しているかをチェックする施工管理業務は組合でできるのか、といった懸念はあります。しかし責任施工方式であれば、管理会社へのサポート依頼はもちろんできますし、第三者へサポートを依頼するコストを上乗せしても設計監理方式より費用を抑えられるはずです。マンション管理の主体は組合であるという大前提に立ち返ると、最も理にかなった方法と言えるでしょう。

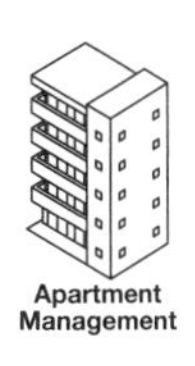

【大規模修繕編】長期修繕計画の基本を知る

長期修繕計画とは、マンションの経年劣化に対して適切なメンテナンスを行うために長期的な修理・補修を想定した修繕の計画です。修繕工事のタイミングや想定される費用など、将来にわたってマンションを維持していく展望が具体的に記載されています。

計画を作成する目的は、マンションの資産価値を下げる要因を定期的に排除できるようにすることです。想定外の事態が起きた場合は、修繕積立金の金額や修繕工事の内容、タイミングなど、計画内容を軌道修正すれば問題はありません。繰り返しますが、分譲マンションは区分所有者全員にとって大切な資産です。将来にわたって資産価値を守るために、長期修繕計画の作成は重要なのです。

マンションは建設された時期や地理的環境、建物面積などがそれぞれ異なり、修繕のタイミングや内容はマンションごとに変わるため、長期修繕計画はマンションごとに個別に作成する必要があります。マンション固有の修繕箇所や耐用年数などを点検し把握することで、そのマンションに合った長期修繕計画の作成が可能となります。

長期修繕計画を立てる目的

マンションの長期修繕計画を作成する目的は、主に次の3つです。これらの目的は建築基準法やマンション標準管理規約にも示されています。

〈理由①〉：将来の工事費用や修繕内容を把握するため

鉄筋コンクリート造のマンションは頑丈で耐用年数が長いのですが、それでも経年劣化は避けられず、放置すればひび割れなどの欠陥が現れ始める。小さなひび割れくらいではマンション全体への影響は小さいが、そのままにしておくと欠陥が拡大してマンション全体へ重大な影響を及ぼしかねないため、状況に応じた適切なメンテナンスが不可欠。数十年先を見据えて必要とされる工事や点検の費用をあらかじめ把握して備えるために、長期修繕計画を作成する必要がある。

〈理由②〉：修繕積立金を設定した根拠を明示するため

マンションの修繕積立金は、区分所有者が各自で拠出し、管理組合の管理のもとに積み立てていくが、平等に徴収するためには金額設定に正確な根拠が必要となり、その妥当性を示すには客観的な資金面のデータのもととなる長期修繕計画の存在が不可欠。これにより、修繕積立金の金額設定に対する異論を抑えることにもなる。

また、マンションに予期せぬ損害が生じた場合、想定よりも多くの修繕費が必要になるケースがある。すると月々の修繕積立金の値上げを検討せざるを得ないが、長期修繕計画による納得できる根拠があれば総会でも承認を得やすくなる。

〈理由③〉：修繕工事をスムーズに行うため

大規模修繕は、足場の設置などの準備期間を入れると年単位の作業期間に及ぶ。長期にわたる作業工程をスムーズに進めていくためには、マンションの住人同士で修繕計画の全体像、つまり工事の作業内容やスケジュールなどを把握し、工事の概要を事前に共有しておかなければならない。長期修繕計画があれば、大規模修繕の期間や資金面での工面をあらかじめ把握できる。

長期修繕計画に記載する項目

長期修繕計画に記載するのは、大きく分けて「建築に関するもの」「設備に関するもの」「資金面に関するもの」の３つです。

項目①：建築に関するもの

◉仮設工事
◉屋根・床の防水
◉外壁・鉄部の塗装
◉建具・金物の補修
◉マンションの共用部分の補修　など

[仮設工事]

修繕に必要なものを準備するために行われる工事で、足場や現場事務所の設置などが該当する。多くの大規模修繕では、外壁塗装などのために足場を組む必要があり、この設置費用も仮設工事費として長期修繕計画に計上しておく必要がある。

[屋根・床の防水]

経年劣化による水漏れ被害のリスクは年々高まっていくため、屋根・床の防水工事の計画も重要。

[外壁・鉄部の塗装]

鉄部塗装工事の鉄部とは、文字通り鉄でできた建築部位を指すが、鉄はさびによる腐食で劣化するため、5～6年で修復作業が必要となる。鉄はさびの発生で耐久性が著しく劣化するため、さびからの保護は鉄部を長く使うために欠かせない作業。

[建具・金物の補修]

サッシなどの建具・金物部分は、付属部品であれば20～30年程度で取り替えられ、サッシ自体は建設から30～40年程度で交換される。サッシの取り換えは3回目の大規模修繕の時期と重なることが多いため、長期修繕計画ではサッシの交換を計画に組み込んでおく必要がある。

[マンションの共用部分の補修]

マンションの共用部分とは、管理員室や集会室、内部廊下、内部階段などの壁、床、天井、ベランダ、バルコニー、エントランスホール、エレベーターホールの壁、床、天井などのことを指し、管理組合が修繕義務を負うスペースを指す。専有部分と違って区分所有者が自由に扱うことはできないため、長期修繕計画で修繕・

図表4 「共用部分」とは?

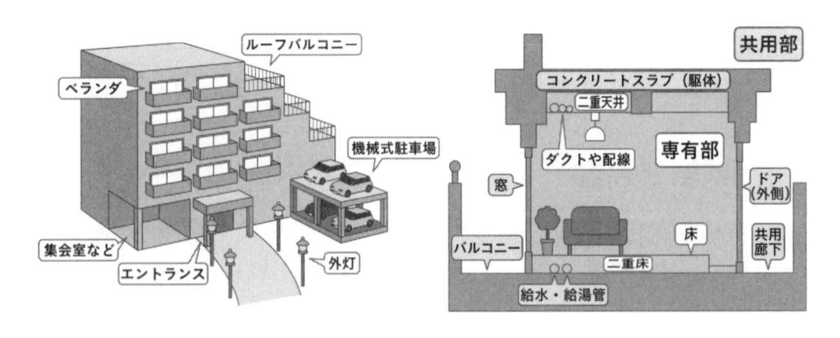

改修を計画する。

項目②：設備に関するもの
◉給水設備
◉排水設備
◉電灯設備
◉ガス設備
◉空調・換気設備
◉消防用設備
◉情報通信設備　など

給水・排水設備、電灯設備、ガス設備、空調・換気設備は、ライフラインに直結するため、優先度が非常に高い設備です。定期的なメンテナンスを欠かさず実施していくために、長期修繕計画に組み込んでトラブルを未然に防ぐことが重要です。

消防用設備とは、消火器や火災報知器、非常ベルといった設備です。消防用設備は消防法によって定期的な点検が義務付けられており、半年に１回の機器点検と年１回の総合点検を実施しますが、不備がないかは定期的な点検でチェックされます。

これらの設備点検は、何らかの不備が発生した際にすぐ対応できるよう、漏れなく長期修繕計画に取り入れておきましょう。

また、情報通信設備とは、テレビや電話、ネット回線、インターホン回線を含む配線設備です。日常生活を送る上で欠かせないものであり、情報通信回線などは落雷の影響を受けやすいため、避雷設備のメンテナンスを長期修繕計画に組み込んでおきたいところです。

項目③：資金面に関するもの
◉戸当たりの修繕積立金の積立額

◉修繕積立金の残高
◉借入金の残高
◉推定修繕工事費　など

大規模修繕では、区分所有者が支払う修繕積立金が収入、修繕費用などで支払われる金額が支出にあたります。収支のバランスが良ければ余裕を持った資金繰りができますが、収支のバランスが崩れると修繕費が足りなくなり、値上げや金融機関からの借り入れを検討しなければなりません。

そのような事態を避けるためには、修繕積立金の残高や借入金の残高、推定修繕工事費などを長期修繕計画に記載して計画的に進める必要があります。

マンションの詳細を把握することから始める

精度の高い長期修繕計画を作成するためには、自身のマンションの詳細を把握することが大切です。何を優先するかを明確にすることで、計画を立てる上での方針が定まります。例えば「毎月の修繕積立金をできるだけ抑えたい」「突発的なトラブルにも備えた計画にしたい」「災害時の修繕も視野に入れるべき」など、管理組合の考え方次第でコスト負担や修繕の範囲が変わるのです。

電気幹線や給排水管の縦管など、修繕周期が30年以上の設備に関しては、修繕を実施すべきかどうか判断が難しいかもしれません。実際、築50年を超えても電気幹線や給排水管は使用できると思いますが、老朽化によりある日突然使えなくなってもすぐに改修できるわけではありません。そうならないために、定期的に点検・修繕を実施しておくのが良いでしょう。

給水管や排水管の例で言えば、縦管を入れ替えると耐用年数は30

年延びるが費用が1億円かかる、補修で済ませるなら寿命は20年しか延びないが金額は5,000万円で済むなど、工法によって延びる耐用年数や金額が大きく異なります。築50年のマンションで1億円をかけて設備を一新するのは適切な判断なのかどうか、築年数やコストなどを鑑みて、何を優先するのかを明らかにした上で計画を立

図表5　長期修繕計画作成の考え方の例

長期修繕計画の作成にあたっては、下記のように各項目の「基本的な考え方」を定めた上で、具体的な内容やスケジュールを立てる必要がある

項目	基本的な考え方
長期修繕計画の目的	マンションの快適な居住環境を確保し、資産価値を維持するためには、適時適切な修繕工事を行うことが必要。そのためには、長期修繕計画を作成し、これに基づいて修繕積立金の額を設定することが不可欠
計画の前提など	長期修繕計画は、作成時点において、長期間の推定修繕工事の内容、時期、概算の費用等に関して定めるもの。 推定修繕工事の内容の設定、概算の費用の算出などは、保管されている設計図面のほか、修繕等の履歴、劣化状況等の調査・目視の結果等に基づいて行う。 従って、長期修繕計画は将来実施する修繕工事の内容、時期、費用等を確定するものではなく、一定期間ごとに見直していくことを前提とする
計画期間の設定	計画期間を30年以上とし、大規模修繕工事が2回以上含まれる年数を推奨
推定修繕工事項目の設定	国土交通省の長期修繕計画標準様式を参考に、現状の長期修繕計画を踏まえ、保管されている設定図書、修繕等の履歴、現状の調査・目視の結果等に基づいて設定する
修繕周期の設定	推定修繕工事項目ごとに、国土交通省の長期修繕計画標準様式を参考に、マンションの仕様、調査・目視の結果等に基づいて設定する
推定修繕工事費の算定	推定修繕工事費は、推定工事項目の小項目ごとに、現状又は見直し時点における一般的な仕様で算定する。算定にあたっては、現状の長期修繕計画を踏まえ、保管している設計図書、修繕工事の実績、刊行物、各種メーカー作成の長期修繕計画、現状の調査・目視の結果等を参考とし、現場管理費及び一般管理費は、推定修繕工事費に含めて設定する
計画の見直し	長期修繕計画は、次に掲げる不確定な事項を含んでいるため、一定期間ごとに内容を見直すことが必要。併せて、修繕積立金の額も見直す

てなければなりません。もちろん、こういった点は理事会や修繕委員会だけでは判断が難しいため、専門家を頼ったほうが良いでしょう。

ただし、あくまでマンション全体の総意として合意がとれていることが理想です。そのためには理事会や修繕委員会だけの判断ではなく、総会や説明会を通して、マンション全体で合意形成を図る必要があります。

マンションの修繕に対するグランドデザインがあれば、あとはガイドラインの内容に沿うだけで計画を作ることができます。ただし、組合が独自で作成するのは実際には難しく、管理会社のサポートを受けて作り、組合員の合意を形成すると良いでしょう。

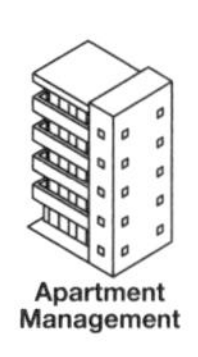

【大規模修繕編】
大規模修繕計画を立てるポイントを理解する

大規模修繕を実施するタイミングは、一般的に12〜15年とされています。国土交通省の「長期修繕計画作成ガイドライン」で12〜15年を修繕周期にしていることが大きな理由です。

先述の通り、建物の専門家ではない管理組合が先を見据えたプランを作成するのは非常に困難です。そこで役立つのが、国土交通省が2008年に公表した「長期修繕計画作成ガイドライン」です。ここには、長期修繕計画の作成・改善のポイント、修繕積立金の設定などに関する方法や基本的な考え方が示されています。記載すべき計画内容などが具体的に言及されているので、長期修繕計画を作成する上で参考になるでしょう。

ガイドラインをもとに計画を作成する

マンションでは大規模修繕時以外にも部分的な補修・メンテナンスを随時行います。例えば、さびで腐食の恐れがある鉄部のメンテナンスは5〜7年おきに実施することが一般的です。見た目だけの問題ではなく、雨戸や玄関扉の金具がさびて閉まらなくなるなど、日常生活に悪影響を及ぼし、むき出しのさびは剥がれやすくけがの原因にもなるため、こまめなメンテナンスが求められます。

「長期修繕計画作成ガイドライン」では建物・設備に関する修繕箇所を定めており、代表的な個所の修繕タイミングは図表6の通りです。

図表6　建物・設備の修繕のタイミング

建物

外壁塗装	12〜15年
防水工事	15年
屋上防水補修	12年
バルコニー床防水修繕	12年
鉄部塗装の塗り替え	4年

設備

給排水ポンプ補修	8年
電灯設備の交換	15年
インターホン設備の交換	15年
自動火災報知設備の交換	20年
ガス設備の交換	30年
エレベーター設備の交換	30年
立体駐車場設備の交換	30年

出典：国土交通省「長期修繕計画ガイドライン」をもとに作成

ガイドラインに沿った計画の作成は義務ではありませんが、多くの管理組合が目安にしており、１つの標準になっています。

なお、「長期修繕計画標準様式、長期修繕計画作成ガイドライン・同コメント」は、時代の変化に応じて内容がアップデートされます。直近では2021年９月に大幅な改訂がされました。そのときの改訂のポイントは次の３つです。

〈改訂ポイント①〉：計画期間の変更

従来の長期修繕計画における計画期間は、「新築マンションは30年以上」「既存のマンションは25年以上」とされていたが、改訂後は、「計画期間は30年以上で、かつ大規模修繕工事が２回含まれる期間以上」と定義された。

〈改訂ポイント②〉：大規模修繕工事の修繕周期の目安

外壁の塗装塗り替えは12年だったのが12～15年、空調・換気設備の取り換えは15年から13～17年にするなど、工事事例などを踏まえ、一定の幅を持たせた記載になった。

〈改訂ポイント③〉：修繕工事の有効性などの追記を義務化

修繕工事の重要性や有効性などを計画に記載することで、効果的な修繕計画を実現することを目的とした。

長期修繕計画は定期的に見直す

長期修繕計画は、一度作成したら終わりではありません。計画はあくまで将来の展望であり、計画通りに進まないケースが往々にしてあります。突発的な災害や予想外の出費など、計画時に想定していない事情を踏まえ、計画を適宜見直す必要があります。

基本的には30年単位で計画を立てますが、長期修繕計画作成のガイドラインでは、推定工事内容や実施時期（周期）、費用はいろいろな要因で変動する可能性があるため、5年を目安として一定期間ごとに計画を見直すことを推奨しています。ただし、マンションの状況によっては5年周期が当てはまらない場合もあるため、臨機応変に対応するようにしましょう。

大規模修繕が終わった時期は、長期修繕計画を見直すタイミングの1つです。大規模修繕は、マンションにとっては修繕積立金を最も支出する補修工事になります。計画通りの支出で収まったのかなど、今後の積み立てを見直す良い機会になります。

それでは、長期修繕計画の見直しは誰が主体となって進めるべきなのでしょうか。主として次の3つの考え方があります。

〈主体①〉：管理組合

区分所有者が加入する管理組合の決議はマンション全体の総意。そのため、マンションの意思決定が可能な管理組合で計画を見直すのが最も合理的と言える。ただし、管理組合の構成員に長期修繕計画の内容に詳しい人がいるとは限らないので、管理組合で見直すと専門的な知見に欠けてしまう可能性がある。

〈主体②〉：管理会社への委託

管理会社は日常の管理・運営を代行しているため、建物・設備の状況をある程度把握している。長期修繕計画の見直しを管理会社に委託すれば、管理会社の持つ専門的なノウハウを取り入れた的確な修正が期待できる。ただし、管理会社は複数物件の管理を同時に手掛けており、1つひとつのマンションにあまり時間をかけられず、丁寧な見直しがなされない場合がある。また、実態に見合わない提案をしてくるなど、自社やグループへの利益誘導を画策する可能性はゼロではない。

〈主体③〉：外部専門家へ委託

住宅診断や不動産コンサルティングを専門とする業者に頼めば、管理会社以上に長期修繕計画の内容を精査してくれるが、委託料として、相当な費用がかかってしまうことが難点。例えば、コンサルティング会社などへ委託した場合の相場は基本料金で約10万円、オプションとして建物診断などを行うと60万～100万円の追加費用が発生する。外部委託費が高くなるほど修繕積立金が減るため、コンサルティング業者の起用に際してはメリットがデメリットを上回るかよく検討する必要がある。

計画通りに進まない場合は？

想定より劣化している、自然災害で設備が傷んだから早めに取り替えたいなど、長期修繕計画が計画通りに進むとは限りません。劣化が早いなら修繕を前倒しにしたり、建物診断をしたりした結果、先延ばしにしても問題ないこともあるでしょう。「○年後に大規模修繕」と計画していてもその通りに実行する必要はなく、臨機応変に対応することが大切です。

ただし、前倒しで実施する場合は費用がその分早めに必要となるため、この点も考慮して長期修繕計画を作成しておきましょう。このとき、外壁や防水など、建物の寿命に関わることを優先して考える必要があります。

長期修繕計画はあくまで机上のものにすぎません。適切に修繕を進めたり、大きな事故を避けたりするための目安です。計画通りではないからといって、マンション管理に重大な問題があるわけではないので、長期修繕計画に執着しすぎないようにしましょう。

そもそも長期修繕計画が未作成の場合は？

長期修繕計画の作成は義務ではありませんので、中には長期修繕計画そのものが未作成の管理組合もあります。

長期修繕計画がなければ、どうしても場当たり的な修繕作業になります。長期的な見通しがないとその都度資金繰りに苦労し、マンションの安全性に重大な影響を及ぼします。将来にわたってマンションの資産価値を維持するために、長期修繕計画は重要なため、管理組合内で話し合い、長期修繕計画の作成をぜひご検討ください。

既に長期修繕計画がある場合は、見直しのベースとなるデータが揃っていますが、一から作るとなるとデータ収集のために新たに外壁調査や設備面などの総合的なチェックが必要になります。

よって、新たに作成する場合は専門家に依頼するようにしてください。大規模修繕工事の設計コンサルティングを主としている建築士事務所などに依頼してみると良いでしょう。

なお、長期修繕計画をアップデートした場合は、組合員の承認を取る必要があります。費用負担増に繋がると反発を招きやすいため、なぜ必要なのか、なぜ今のタイミングなのか、費用負担の妥当性はあるか、資産価値の維持向上との関係はどうかなどを資料とともに丁寧に説明し、合意形成を進めると良いでしょう。

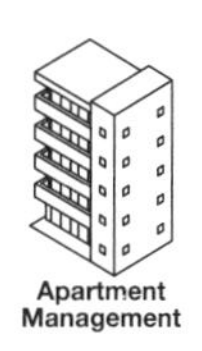

【大規模修繕編】修繕積立金に対する理解を深める

大規模修繕にあたって、長期修繕計画とともに理解を深めておきたいのが修繕積立金についてです。

マンションにお住まいの皆さんならご存じかと思いますが、長期修繕計画では将来にわたる建物・設備の修繕に伴い必要な資金について記載されており、修繕積立金として、その資金を基本的に毎月積み立てる形でストックしていきます。修繕積立金は、管理委託費や共用部の光熱費などマンションで暮らす上で必要となる管理費と違い、建物・設備の修繕のために使用されます。

規模によりますが、マンションの修繕工事を実施するには、一部でも数百万〜数千万円の費用がかかることがあり、区分所有者から一括で費用を徴収するのは難しいでしょう。計画的に修繕積立金を積み立てておき、修繕が必要となるタイミングに備えることで区分所有者の負担を抑えることができます。

修繕積立金の目安は？

国土交通省がマンションの修繕積立金の適切な運用を目的として定めた「マンションの修繕積立金に関するガイドライン」では、修繕積立金の金額について言及しています。実際に作成されたマンションの長期修繕計画の情報をもとにしているので、現実に即した内容です。

ここで示されているのは、1か月当たりの1m^2における修繕積立

図表7　修繕積立金の目安

地上階数/建築延床面積		修繕積立金額の平均値
20階未満	5,000m^{2}未満	335円/m^2・月
	5,000m^{2}以上～10,000m^{2}未満	252円/m^2・月
	10,000m^{2}以上～20,000m^{2}未満	271円/m^2・月
	20,000m^{2}以上	255円/m^2・月
20階以上		338円/m^2・月

※機械式駐車場分を除く

出典：国土交通省「マンションの修繕積立金に関するガイドライン」(2023年追補版発表)をもとに作成

金の金額です。事例の平均値を算出するだけでなく、事例の大部分が収まる幅も示されています。20階未満のマンションを建築延床面積で区分した４つと、20階以上のマンションの合計５つの区分に分けて修繕積立金の目安がまとめられていて、具体的な金額は図表7の通りです。

機械式駐車場がある場合は加算額が発生します。加算額の算出方法は以下の通りです。

> 機械式駐車場の１台当たり月額の修繕工事費×台数÷マンションの総専有床面積（m^2）

機械式駐車場の１台当たり月額の修繕工事費は、次の通りです。

> 2段（ピット１段）昇降式　6,450円/台・月
> 3段（ピット２段）昇降式　5,840円/台・月
> 3段（ピット１段）昇降横行式　7,210円/台・月
> 4段（ピット２段）昇降横行式　6,235円/台・月

エレベーター方式（垂直循環方式）　4,645円/台・月
その他　5,235円/台・月

機械式駐車場の修繕工事を駐車場使用料で賄うなどの特別な取り決めがある場合は、必ずしもこの計算方法で加算額を算出する必要はありません。駐車場使用料をどの会計に計上するかは管理組合によって異なるため、管理組合の収支報告や長期修繕計画を確認しましょう。

築年数から見た修繕積立金の相場

国土交通省による「平成30年度マンション総合調査」では、マンションの完成年次ごとやマンションの戸数ごとの修繕積立金の平均を公開しています。

図表8　築年数ごとの修繕積立金の相場

完成年次	1戸当たり修繕積立金の額/月
2015年以降	6,654円
～2014年	9,244円
～2009年	11,865円
～2004年	11,227円
～1999年	12,024円
～1994年	11,413円
～1989年	11,400円
～1984年	11,077円
～1979年	12,052円
～1974年	9,903円
1969年以前	26,356円
不明	10,904円
全体平均	**11,243円**

出典：国土交通省「平成30年度マンション総合調査」をもとに作成

マンション全体の平均となる11,243円に比べると、2014年以降に建てられたマンションおよび1974年以前に建てられたマンションは平均以下となっています。

戸数別に見ると、301〜500戸の修繕積立金の平均が突出して高くなっています。大規模なマンションには特別な設備が設けられていることもあり、それが要因であると考えられます。

修繕積立金の金額設定は２種類ある

修繕積立金は各世帯から毎月徴収しますが、その方法は大きく「段階増額積立方式」と「均等積立方式」の２種類があります。それぞれの特徴は次の通りです。

[段階増額積立方式]

新築当初は修繕積立金の金額を低く設定しておき、一定の年数ごとに段階的に増額していく方式。引き上げるタイミングはマンションにより異なる。

段階増額積立方式は、その時々で必要な修繕費用を負担するという考え方。マンションが建ってからそれほど年月が経っておらず、ほとんど修繕が必要ないうちは修繕積立金の金額が低めだが、年数が経つと修繕の必要性が増すため、それに合わせて修繕積立金の金額が高く設定される仕組み。修繕時期に見合った合理的な方法だが、金額を変更する場合は、その都度区分所有者との合意形成が必要で、難航すると計画的な積み立てが困難になる。

[均等積立方式]

将来的に必要になる修繕積立金の合計額を算出し、それを均等に割って毎月同じ金額を徴収する方式。

均等積立方式は、時期に関係なく常に同じ金額を徴収するため、修繕積立金の支払い額がわかりやすいことが特徴。段階増額積立方式のように、マンションの所有期間が長くなるほど修繕積立金の負担額が増える心配もない。マンションが新しいうちは、段階増額積立方式を採用している場合よりも修繕積立金として支払う金額が高くなる可能性はあるものの、長く住む予定なら修繕積立金の増額がなく、生活設計が立てやすいと言える。着実に資金がたまるので、計画通りに修繕を進めやすいのもメリット。

ただし、購入直後は段階増額積立方式に比べると割高になるので、負担に感じるかもしれず、転居予定の住人には歓迎されない可能性がある。

＊　　　＊　　　＊

国土交通省のガイドラインでは均等積立方式が推奨されているものの、段階増額積立方式を採用しているマンションのほうが多いようです。「平成30年度マンション総合調査」でも、修繕積立金の積立式の採用割合は段階増額積立方式は43.4%、均等積立方式が41.4%という結果でした。

その理由は、新築マンションでは段階増額積立方式を採用したほうがセールス面で有利になるからだと考えられます。一般的に、新築マンションの修繕積立金は子会社である管理会社からの提案をもとにデベロッパーが設定しますが、購入当初の金額を抑えて経済的な負担を少なく見せることで、販売促進しようとしているのです。ただし、そういったマンションは5年、10年と経つと増額するので住人間で不満が募り、滞納に発展することで大規模修繕を実施できないケースがあるので注意しましょう。こうしたことから、国は均等積立方式を推奨しているのです。

修繕積立金は値上がりする可能性がある

段階増額積立方式を採用しているマンションが多いということは、多くのマンションでは修繕積立金は値上がりする可能性があるということです。修繕積立金が低いままでは大規模修繕に備えられないため、ある程度の年数が経つと修繕積立金の金額を値上げして対策しなければなりません。この場合、長期修繕計画を見直すとともに資金計画も引き直し、総会で承認を得るという流れになるでしょう。

長期修繕計画は長い年月をかけて実行していくため、当初の想定より修繕費の相場が上昇する可能性があります。

例えば、少子高齢化に伴う労働力不足によって人件費は右肩上がりで、マンションの修繕工事にかかる費用を高騰させる要因の１つとなっています。修繕工事に使用する材料費や機械のリース代などが値上がりしているため、当初の設定金額では対応できなくなり、後から修繕積立金の値上げを実行するのです。

修繕積立金を値上げする際は区分所有者からの反対が予想されますが、専門家にサポートを依頼するのも１つの手です。ある管理会社は、各部位ごとの劣化状況など、マンションの状態をまとめた丁寧な資料を作り、現状の余剰金と年間の収入、将来的な不足分を可視化した上で、m^2単価の引き上げが必要だと訴えました。これをもとに総会を行ったところ、大きな反発もなく承認を得ることができたそうです。

このように、理事会や修繕委員会のメンバーだけで根拠のある資料作りが難しい場合は、管理会社に相談するといいかもしれません。

計画にズレが生じた場合は？

長期修繕計画の計画と現実にズレが生じやすいのは、資金面に関してです。修繕費はあくまで計画作成時の基準で計算されており、その後の人件費の高騰などは考慮されていません。人件費以外にも、物価や材料費の値上がりなどを計画時に完全に予測することは困難です。逆に技術革新や社会情勢の安定などで、計画時より修繕費を抑えられる場合もありますが、長期修繕計画を立てる際には、想定外の事態をある程度考慮して余裕のある内容にする必要があります。

仮に収支のバランスが悪いなら、修繕積立金の見直しを検討しないといけません。毎月の金額が1,000円上がっただけでも、マンションの総戸数が多ければ修繕積立金の総額は大きく増加します。

修繕計画を定期的に検証しておくのもポイントです。修繕積立金を値上げしなくても、修繕業者や修繕周期を変更することで、修繕費用の見直し・削減へと繋がり、現在積み立てている修繕金で大規模修繕を実施できる場合があります。

このように、大規模修繕に関するコストは、年を追うごとに当初の計画と乖離が発生します。国土交通省が推奨するように最低でも5年ごと、あるいはもっと短いスパンで見直しを行い、収支の乖離を修正することが望ましいと言えます。

不足があれば修繕積立金の引き上げを検討

あらゆるコストカットをしても修繕費用の必要額が確保できない場合は、修繕積立金の引き上げを検討したほうが良いでしょう。総会の決議で可決されることが必須ですから、値上げの根拠などを示す必要があります。反対する人が出てくることも想定されるため、納得できるまで話し合いを重ねないといけません。
　マンションの経年劣化が進むごとに、修繕費用の上昇は避けられませんが、マンションの資産価値を維持するためには修繕積立金の値上げについてしっかり理解してもらう必要があります。

　マンションの修繕積立金は、建物・設備を適切な状態に保つための重要な資金であり、修繕積立金を適切に使用するには、マンションの実情に即した長期修繕計画を立てておかなければなりません。
　修繕積立金の不足や修繕に関して何らかの問題が発覚した場合は、まずは管理組合で話し合い、必要に応じて管理会社に相談することが大切です。自主管理の場合は、外部のマンション管理士など専門家を頼りましょう。

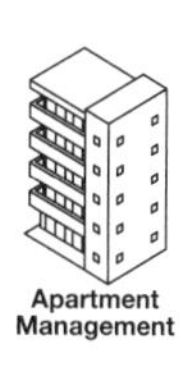

【大規模修繕編】
積立金不足は 4つの方法で解消する

修繕積立金が不足するというのはよくあることですが、当社が関わった事例をご紹介します。潤沢とは言えずとも約1,000万円の余剰金を持っていた中規模のマンションで、長期修繕計画に盛り込んでいない電気の幹線の入れ替えが必要になったケースがありました。見積もりを取ったところ、費用は3,000万円かかることがわかりました。2,000万円足りなかったので、このマンションでは、修繕一時金を徴収して工事を実施し難を逃れました。こうしたケースは珍しいことでありません。

ここで1つ、修繕積立金の仕組みに関するデメリットについて触れておきます。修繕積立金は将来的にかかる修繕工事の累計金額を戸数で割っているだけですので、突発的なトラブルや費用の上振れに弱いことがデメリットです。予期せぬトラブルも想定の上、修繕積立金を回収し、余剰金を蓄えておきたいところです。

上記のようなデメリットにより、修繕積立金の不足が判明した場合の現実的な対応は、次の4つがあります。

〈対応①〉：一時金の徴収

不足分を一時金として徴収する方法。必要な金額を持ち分割合（専有部分の面積をもとに算出）に応じて按分し、各所有者に請求する。手早く不足分を補うことはできるが、金額によっては反発されたり、総会決議で否決されたりする恐れがある。

〈対応②〉：借入れ

金融機関等から不足分を借り入れる方法。総会決議が必要だが、一時金の徴収に比べると区分所有者の負担は軽くなるため、受け入れやすい方法。ただし金利がかかり、毎月の返済のため修繕積立金の増額が必要になる可能性がある。積立金合計によって毎月の返済の目途が大きく変わり、場合によっては値上げを実施すべきと言える。

〈対応③〉：修繕積立金の引き上げ

修繕積立金の引き上げを行う。ただし、引き上げ額は持ち分割合に応じて異なり、一時金の徴収とともに反対意見が出やすく、総会決議が難航することがある。また、不足分を補うには時間がかかるため、実施時期を数年先に予定している修繕計画でしか採用できない。

〈対応④〉：修繕の先延ばし

対応①～③が認められない場合は、大規模修繕を延期することになる。ただし、工事を先延ばしにすることで劣化が進み、さらに工事費用が増える可能性があることに要注意。漏水などが発生すると生活に支障が出ることになるため、できる限り延期を選ばずに済むよう早くから将来を見越した長期修繕計画を作成し、修繕積立金を確保しておくことが重要。

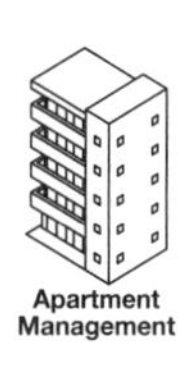

【大規模修繕編】建物診断を受ける

適切な工事内容・費用で大規模修繕を行うためには、建物診断の実施が不可欠です。一般的には、大規模修繕の事前調査として工事が始まる１年〜１年半前までに行われ、実際の建物の劣化状況に合わせて修繕を行います。管理組合が主導するというよりは、建物・設備を定期的に点検する管理会社が実施することがほとんどです。自主管理の場合は外部の専門家に依頼しましょう。

建物診断のメリット

沿岸地域の建物は塩害による鉄部やコンクリート内部の鉄筋の劣化が進行しやすいなど、マンションの立地状況や周辺の環境によって劣化の状況は大きく変わります。さらに同じマンション内でも、紫外線や雨風にさらされる屋上と屋根がある内廊下やエントランスとでは劣化の具合は異なります。表面だけではなく内部の劣化もあるため、建物診断を通じて、外観だけではなく目に見えない部分の状況を把握することが大切です。

また、建物診断では大規模修繕の対象となる共用部分を調査するので、診断結果をもとに本当に必要な工事や工事範囲が明らかになります。その結果によって、必要な費用を想定することもできます。大規模修繕の適切な実施に必要な情報が手に入るだけではなく、長期修繕計画を見直す契機になるでしょう。

建物診断の流れ

ここで、建物診断の具体的な流れを見てみましょう。

〈STEP1〉：建物診断の依頼

専門家に建物診断の依頼・相談を行う。建物診断を行う専門家には、管理会社、設計事務所、コンサルティング会社（第三者機関）などがある。

〈STEP2〉：現地調査

設計図面や建物情報、過去の修繕履歴などの書類を事前確認の上、現地調査を実施。共用部分を中心に目視調査・触診調査・打診調査（非破壊検査）などを行う。マンションによっては、外壁塗装面やタイル面の付着力試験、コンクリート中性化試験などを実施する場合があり、調査方法は多岐にわたる。

〈STEP3〉：報告書の確認

調査結果をまとめた建物診断報告書が届く。報告書では部位ごとの劣化状況が評価され、画像とともに把握することができる。

建物診断の費用感

建物診断の費用は、50～100戸のマンションで数十万円程度が一般的です。あまり専門的な調査はせず、外観目視点検、打診調査、加えて実施するとしたら、塗料の劣化状況を調べる引張試験や、コンクリートの劣化状況を調べる中性化試験くらいです。ただし、2回目の大規模修繕に際しては給水管や排水管の内視鏡検査を実施するなど、築年数に応じて大規模修繕の内容が変わるため事前にチェックしておいたほうが良いでしょう。

また、設計監理方式で大規模修繕を実施する場合は、建物診断がセットになっていることが多く、建物診断の費用とは別に設計監理料として最低でも200万〜300万円程度かかります。タイミングとしては、コンサルティング会社が決定した後に建物診断を行い、その結果をもとに施工内容を決定します。責任施工方式の場合は施工業者の選定前に建物診断を実施し、そこで得た情報をもとに施工業者が見積もりを作成することが大半です。

建物診断の費用は、修繕積立金から支出することが一般的です。実施するかどうかを理事会で検討し、総会で承認を得る必要があります。争点は、どこまでお金をかけて調査するかです。例えば、屋上や外壁からの漏水が多発していて明らかに修繕が必要な場合は、調査してから判断するというのでは遅く、早急な対応が必要です。大規模修繕の実施方法にも関わるので、診断の必要性や修繕の実施が必要か否かを検討することが重要です。

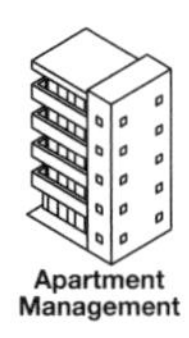

【大規模修繕編】
管理会社から見積もりを取る

管理組合主導で建物診断を進めるなら、その依頼先は管理会社がお勧めです。というのも、当社を含めて管理会社は管理物件の総合点検を毎年実施しているからです。建物や設備の劣化状況を把握しており、正確な診断を期待することができます。自主管理の場合はダイレクトに専門家に依頼することになります。

ただし、中には高額な見積もりを出す管理会社もあるため、対応策として相見積もりを取ることは必須でしょう。相見積もりを取ることで、同じ診断内容で安く実施してくれる会社が見つかるかもしれませんし、安価な見積もりが上がってきたら値下げ交渉に使うことが可能です。

とりわけ、小規模から中規模のマンションにおいて、責任施工方式で実施する場合は管理会社から大規模修繕の見積もりを提出してもらうと良いでしょう。先ほど述べたように、管理会社は総合点検を通じて現地確認を含めた劣化状況の確認をしているため、その内容も踏まえて修繕の提案が可能です。さらに、過去の修繕履歴などを理解しているため、マンションの状況を最も把握しています。管理会社から提案が出たら、それに合わせる形で数社に相見積もりとして取得し、各会社からの独自の提案などを聞いた上で最終判断を行うのが良いでしょう。

大規模マンションの場合は、設計会社に頼むことは１つの手ですが、同様に管理会社に見積もりを依頼すると良いでしょう。ただし、マンションの規模や管理会社の規模によっては見積もりの作成自体ができないということがあるので、その際は検討が必要です。

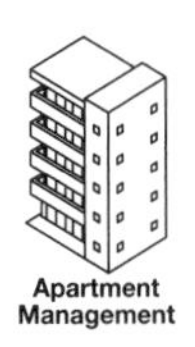

【大規模修繕編】
管理会社以外からも見積もりを取る

繰り返しお伝えしてきましたが、管理会社に大規模修繕を任せたいと考えていても、相見積もりの取得は不可欠です。

大規模修繕工事を専門に請け負っている会社は国内に多数あるため、インターネットで調べれば見積もり依頼が容易に可能です。「マンション 大規模修繕」で検索してみるとそれなりの数がヒットするでしょうし、今は施工業者の比較サイトも存在します。

ただし、上位にランクインしていても広告の可能性が十分にあるため、出てくる情報をそのまま鵜呑みにするのは禁物です。実際に複数社へ問い合わせを行い、工事内容や工期、費用、担当者の人柄などをしっかりチェックしましょう。

一般的には、大手になればなるほど金額が高くなる傾向があり、相場観を確かめる上でも、複数の会社に依頼することをお勧めします。ほかにも、建設業界の専門紙である建通新聞やマンション管理新聞などの媒体を利用して公募する方法があります。

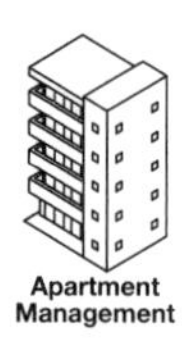

【大規模修繕編】
施工業者はコスト重視で選ばない

大規模修繕は数千万円、高ければ億単位の費用がかかります。コストが気になるのは当然で、相見積もりを取るとついつい安い施工会社に目を引かれるかもしれません。しかし「安かろう悪かろう」ではありませんが、低コストにはそれなりの理由があり、いざ契約して工事が始まってから後悔するケースが存在するのも事実です。

例えば、工事の未実施（見積もり内容通りに完了していない）、仕上がりが悪い、仕様が違うなどは、工事費が安い高いにかかわらず発生する恐れはあるため、注意が必要です。

例えば、次のようなことが考えられます。

◉未実施の例：コーキング打ち替えの見積もりのはずなのに、増し打ちされている　など
◉仕上がりが悪い例：塗料の塗りムラ、乾燥時間が短い、重ね塗りや下地処理の不足　など
◉仕様が違う：指定している材料と違うものが使用されている　など

必ずしも工事費が安いからこうしたトラブルが起こるわけではありませんが、コストよりも実績やプレゼンの内容などを重視することが大切です。中には資本金や会社の規模を前面に押し出す施工会社もありますが、それはあくまでも判断材料の一部にしかすぎません。要するに、総合的に見る必要があるということです。

【大規模修繕編】
「大手だから安心」は誤解

大手の施工業者は件数や規模の実績は当然多く、経験値が高いというメリットがあります。何かあった場合のフォローが手厚いので、安心感もあるでしょう。ただし、担当者によっては経験値が少ないなど、実際に担当する人間がどのような経歴を持っているかわかりません。「大手＝安心」というわけではないのです。

また、管理会社が元請けとして入る場合、別会社から一時的に担当者が出向しているケースが見られます。大規模修繕を実施する場合、「現場代理人」を置く必要がありますが、自社で確保できない場合は一時的に下請け会社の社員を出向の形で受け入れ、社員にするのです。

実務を担うのは出向社員のため、普段の管理業務を任せている管理会社が大規模修繕を手掛けるからといって万全とは限らず、実務担当者の力量が極めて重要となります。ですから、「組織」だけに重きを置くのではなく、担当者の実績や経験を確かめることが最も大切です。

大規模修繕の工事内容は多岐にわたりますが、中小規模の施工業者の場合、経験値の高い業種・低い業種があります。例えば、防水工事が主体の会社であれば、防水工事のノウハウは高くても外壁工事は他社に丸投げで管理がずさんなど、会社によって得手不得手があるため注意が必要です。

反対に、得意分野の工事と大規模修繕の内容がマッチするなら、質の高い施工をローコストで引き受けてくれるかもしれません。

その会社がどのような会社で何が得意なのかを、会社規模などの情報ではなく実績ベースでチェックすることが大切です。例えば当社の場合、マンション管理士をはじめとするプロフェッショナルが、収益物件の管理業務で得た知見やノウハウをマンション管理に活かしており、かつ、自社内に施工部門があるため大規模修繕も外注しないで済むことから、価格面において優位性があります。

このような「会社の背景」を知ることで、安心して工事を任せられる会社を見つけることが可能となるのです。

［コラム Column 03］

Q 大規模修繕工事の一時金を安く抑えるには？

対象のマンション・管理組合：兵庫県／築37年／16戸
管理の状況：リプレイスにより独立系管理会社が管理

管理組合に降りかかる高額な見積もり

住人：新築から37年を迎え、２回目の大規模修繕工事を迫られています。修繕積立金の残高は1,000万円しかなかったのですが、管理会社経由で取得した見積もりの金額がなんと2,400万円！　非常に驚きました。

藤原：残高と見積もりに1,400万円もの開きがあるのは、非常に大変なことです。管理組合の皆さんの反応はいかがでしたか。

住人：複数の工事会社に相見積もりを依頼したのですが断られてしまい、一時金の徴収も総会で承認をいただくことができませんでした。

藤原：見積もり先は管理会社の関連会社、あるいは懇意にしている会社なのかもしれません。いずれにしても、管理会社主導で大規模修繕工事を進めると、このような

事態になりがちです。管理組合がリスキーな価格で発注しようとしていたわけですが、実際は当社のような会社に相見積もりを依頼し、適正な費用を判断したほうが良いでしょう。

住人：おっしゃる通りです。管理会社に相見積もりの取得が期待できないなら、組合独自で探そうと考えています。

藤原：そうですね。当社も大規模修繕工事を実施しているので、ぜひご検討ください。

大規模修繕工事は相見積もりが必須

藤原：当社で見積もりを取得した結果、1,800万円で同様の大規模修繕工事の実施が可能だと判明。すぐさま、理事会にお伝えしました。

住人：迅速に対応いただき、助かりました。しかし、600万円も安くできるとは驚きです。さっそく管理会社に報告したら、すぐに2,000万円に見積もりを修正して再提示してきたのでさらに驚きましたが、時すでに遅しです。今更感があり、管理会社に対する不信感が反対に募りました。

藤原：よくあるパターンです。慌てて修正をかけたところで明確な金額変更の理由はないでしょうから、皆さんのように信用に足らないと考えるだけです。

住人：おまけに、それでもなお御社の金額が安かったので、お願いして実施することになりました。工事中にトラブルはなく無事完了し、一時金の額も想定より大幅に抑えることができました。

［コラム Column 04］

Q 高額な費用がかかる調査実施に応じるべき？

対象のマンション・管理組合：千葉県／築26年／79戸
管理の状況：新築時より大手デベロッパー系管理会社が管理

あまりにも高い調査費用に妥当性はあるか？

住人：築26年のマンションで暮らしています。10年前に管理会社が大規模修繕工事を実施しましたが、最近になり外壁タイルの剥落が相次いで発生しました。

藤原：タイルの接着不良や、浮いた部分への雨水の侵入が原因と考えられます。いずれにしても、落下すると危険極まりなく、マンションの見栄えも悪くなり、資産価値に悪影響を及ぼすのは言うまでもありません。早急な対策が求められます。

住人：管理会社からは、全面の足場設置が必要となり、調査をするだけでも1,000万円以上の費用がかかるため、時期は少し早いですが大規模修繕の実施を提案されました。果たして、このまま進めても大丈夫でしょうか。心配でなりません。

藤原：足場の設置をしなくても調査することは可能ですよ。

住人：そうなんですか！　組合員の中に建築関係に詳しい人はおらず、管理会社に言われるままでいいのかと不安を抱いていました。もちろん、足場が不要な調査方法など知らなかったので、今聞けて本当によかったです。

調査コストはどこまで下がったのか？

住人：ブランコ工法による調査であれば、100万円程度で調査が可能であることがわかり、さっそく実施することにしました。

藤原：検査では不具合箇所の特定を行い、補修費用も数百万円で済むことが判明しましたね。

住人：はい。剥落事故がすでに起きており、早急に対応する必要があったため、管理会社の提案をのまざるを得ないと考えていました。このタイミングで大規模修繕工事を実施すると巨額の費用がかかり、後の修繕計画に狂いが生じたかもしれません。費用を抑えることができ、かつすぐさま調査・修繕に進めていただき、感謝しています。

［コラム Column 05］

Q 妥当性が判断できない設備交換にどう対処すべき？

対象のマンション・管理組合：東京都／築45年／45戸
管理の状況：リプレイスにより独立系管理会社が管理

必要かどうかわからない設備交換の提案

住人： 築45年・45戸のマンションです。日常の管理は独立系の管理会社に委託しています。新築からかなり経ったこともあり老朽化も目立ちますが、快適に過ごしています。

藤原： 管理組合が中心となり、しっかりと運営されているからでしょう。住みやすさのためには丁寧に管理することが不可欠です。そしてマンションは、古くなればなるほど、丁寧な管理が資産価値を左右します。

住人： そこで困ったことがありまして……。実は、管理会社から築年数の経過を理由に全戸ドア交換が必要であるかのような説明を受けたのです。見積もりはなんと2,000万円でした。併せて、金額提示はないもののサッシの交換も打診されました。非常に高額で、妥当性も判断できません。

藤原：この場合、まずすべきことは本当にドア交換が必要な世帯はどれほどあるのか実態を把握するとともに、各世帯が交換を希望するのかどうかです。

各世帯へのヒアリングで実態が判明

藤原：その後、管理会社を通さず全住戸にアンケートを行い、不具合の状態を確認の上、対応方針を決定しました。

住人：聞き取りは大変なので、アンケートで実施していただいて助かりました。

藤原：結果、玄関ドアの不具合は全45戸中10件で、そのうち修繕を希望したのは7件でした。不具合の状態は共通していて、夏場に開閉しづらくなるとのこと。おそらく、暑さで変形するからだと思います。

住人：修繕希望者に話を聞いたところ、冬場は問題なく夏場だけそうなると言っていました。

藤原：そうであれば、来年の夏場に改めて調査を行い、どのようにするか決めるべきです。急ぐ必要はありません。

住人：管理会社にはそう告げて、この件はいったん終了となりました。現時点で全戸交換という不要な工事を見送ることができ、ホッとしています。

第5章

円滑な組合運営が成功の基本！

管理組合運営・7の成功法則

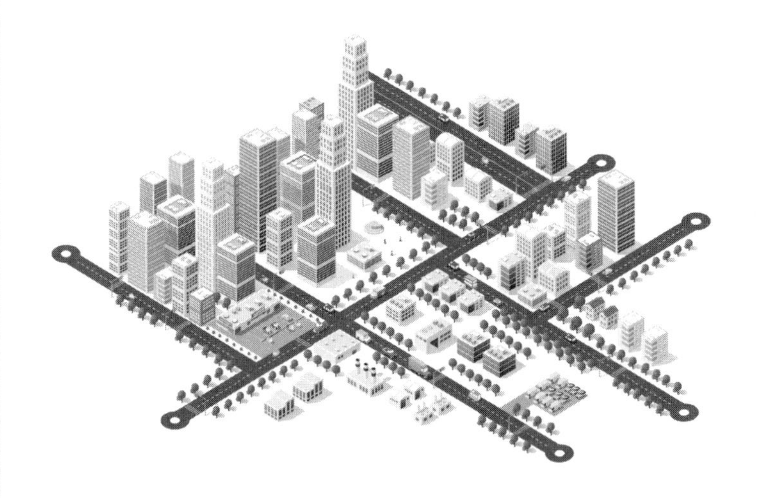

管理組合は区分所有者により構成され、
役員が中心となって快適な住環境を実現するための
活動を行います。
実務を担うのは管理会社であったとしても、
管理の主体はあくまで管理組合です。
だからこそ、その存在はお飾りであってはならず、
むしろ管理会社と協業し管理に積極的に関わることで、
マンションの価値を高めることができます。
本章では、適切なマンション管理によって
マンションの資産価値を向上させるために不可欠である、
管理組合を円滑に運営するノウハウをお伝えします。

【管理組合運営編】組合の収支を細かく把握する

マンションの理事会役員は、組合員から選任されます。理事会は定例理事会の開催やマンション管理に関する業務などさまざまな役割を担いますが、重要な業務の１つが管理組合員全員を対象にした、総会の開催です。

区分所有法第34条では、「管理者は、少なくとも毎年一回集会を招集しなければならない。」と定められており、１年間の収支決算報告や活動内容の審議、次期役員の選任などが行われます。

中でも重要なのは、「貸借対照表」「収支計算書（報告書）」などで構成される収支決算報告書の内容です。これらの資料を含む総会の議案は、管理組合が用意する必要があります。

委託契約に含まれていたとしても、管理会社が作成するのはあくまで「案」です。最終的には組合側で形にする必要があり、丸投げしてはなりません。しかし、決算書をはじめその他報告書の作成は非常に手間と時間がかかる上に、ある程度の知識や経験がなければ正確なものは作れません。そのため、多くの管理組合では管理会社が作成をサポートしているのです。

ただし、管理組合側が収支決算報告書について何もわからない状態では、正しいのかどうかチェックすることはできません。そこで、これから知っておくべきポイントを説明しますので、基礎知識として覚えておきましょう。

貸借対照表のチェックポイント

貸借対照表とは、一定時点における財政状態を示す決算書で、管理組合の「資産」や「負債・正味財産」を表すものです。正味財産とは資産から負債を差し引いたもので、管理組合によっては「余剰金」「会計残高」などと表記されます。この正味財産は、次期繰越金として処理されます。「資産合計」と「負債・正味財産合計」は、両者の額が一致することから「バランスシート」と呼ばれます。

記載方法は管理会社によってさまざまですが、図表9をサンプルとして内容を解説しましょう。

図表9の貸借対照表左側の「資産」には、管理組合が保有してい

図表9　貸借対照表の例

2024年3月31日現在

XXXXXXマンション管理組合　管理費会計　（単位：円）

資産の部			負債・繰越金の部		
科　目	金　額	摘　要	科　目	金　額	摘　要
普通預金	8,761,000		未払金	200,000	
収納口座XX銀行	960,000		前受金	30,000	
保管口座XX銀行	7,801,000		管理費	30,000	
			【負債の部　計】	**230,000**	
未収入金	45,000				
管理費	30,000				
駐車場使用料	15,000				
前払費用	700,000		前期繰越金	8,500,000	
預け金	300,000		当期余剰金	1,076,000	
【資産の部　計】	**9,806,000**		**【次期繰越金】**	**9,576,000**	
合　計	**9,806,000**		**合　計**	**9,806,000**	

る現金や将来的に資金として活用できる資産、未収金などが記載されています。
「未収入金（未収金）」とは未回収のお金を計上する科目で、いわゆる滞納金ですが、賃借対照表上は資産として計上されることに注意が必要です。管理費や修繕積立金、駐車場使用料などの未収金の有無やその額を、ここで確かめることができます。未収金が発生している場合は、回収の目途が立っているのかなどを確認しておきましょう。ほか、共用部における火災保険など複数年一括払いのものや、町内会費など決算月をまたぐ年払いのものなど、前もって支払う「前払金」がある場合もあります。

貸借対照表右側の「負債」の部分には、マイナスの資産、返済の必要があるお金を中心とした科目が記載されています。「仮受金」は計上先が不明な入金があった場合に一時的に計上するものです。計上先が判明したら適正な場所へ仕分けしますので、仮受金はなくなります。「未払金」は、当期に発生した費用を翌期に支払うものです。取引先の支払期日との関係で、このような処理にするのはよくあることです。ほか、前もって入金されている管理費や修繕積立金などのことを指す「前受金」など、これらを合算したものが負債の合計です。

収支決算報告書のチェックポイント

「収支決算報告書」には、その年次に発生した収入と支出、その差額となる繰越金が記載されています。「管理費」と「修繕費」それぞれの「収入」と「支出」において、対象科目と金額がわかるようになっています。図表10の例では、予算と決算（実績）が横並びになっていて対比できるため、各科目の予算がどのように使われたのかを一目で把握することができます。

図表10　収支決算報告書の例

第XX期　収支報告書

XXXXXマンション管理組合　管理費会計

（自）2023年４月１日　～　（至）2024年３月31日　（単位：円）

	科目	予算	決算	差額
収入	管理費	11,700,000	11,700,000	0
	駐車場使用料	1,440,000	1,380,000	▲60,000
	受取利息	0	100	100
	雑収入	15,000	15,500	500
	合　　計	13,155,000	13,095,600	▲59,400
支出	水道代	48,000	46500	1,500
	電気代	1,800,000	1,940,000	▲140,000
	修繕費	550,000	470,000	80,000
	管理委託費	8,976,000	8,976,000	0
	振込手数料	60,000	57,600	2,400
	組合運営費	120,000	80,000	40,000
	租税公課	1,000	1,000	0
	通信費	24,000	22,500	1,500
	配布書類印刷料	50,000	46,000	4,000
	保険料	350,000	350,000	0
	雑費	50,000	30,000	20,000
	合　　計	12,029,000	12,019,600	9,400
	当期収支差額	1,126,000	1,076,000	50,000
前期	繰越金	8,500,000	8,500,000	0
次期	繰越金	9,626,000	9,576,000	50,000

収支決算報告書は、総会で承認を取得した予算に対し、予算通りに管理されているかどうかが重要です。

理事会は、何らかの事情で予算との差異が発生している科目については、総会の決算報告で説明をする必要があります。第３章で見積内容について詳しく説明した通り、管理委託費は金額が大きく、その内容をよく理解していない方が多いのですが、仮に予算との差異があった場合は事務処理のミスなどが考えられます。

修繕積立金会計は、修繕積立金や駐車場使用料が主な収入源です。仮に滞納があったとしても、全額収入として計上されてしまいます。管理費会計も同様で、貸借対照表に記載されている未収金の有無を確かめることで滞納の有無がわかります。収支決算報告書では、このような点も確認しておくことです。

また、駐車場使用料は契約状況によって変動します。備考欄に全区画数と契約区画数、稼働率などを記載しておけば、状況を把握しやすいでしょう。機械式駐車場の場合は、メンテナンス費用や部品交換などの修繕費がかかります。ただ昨今はクルマ離れが進んでいるなどの問題から、借り手が少なくなっているため、仮に空き区画が多く赤字が常態化しているなら、外部への貸し出しが考えられますが、その際は事業収益とみなされ納税の必要があります。税理士報酬など間接経費もかかるため、空き台数によっては推奨できない場合があります。

ほか、駐車場の平面化を検討しても良いでしょう。メンテナンス費用を削減できますし、ハイルーフ車の契約を期待することができます。

なお、管理費会計、修繕積立金会計ともに、当期の収入から支出を差し引いた「当期収支差額」に「前期繰越金」を加えた「次期繰越金」が、次年度に引き継がれます。この金額は貸借対照表の「次期繰越金」と合致しなければいけません。

このように、収支決算報告書にはいくつものチェックポイントがあります。総会資料に目を通し、まずは予算と決算の金額を確認し、予算と決算に大きな差異が出ていないか確認することが重要です。次にチェックすべきなのは、決算の結果がマイナスになっていないかどうかです。プラスだとしても余剰金がどれくらいあるか、本当に必要な費用が支出されているかの確認も必要です。

繰り返しますが、総会で用意される資料をしっかりと準備するためには、管理会社任せにするべきではありません。理事会や管理組合のチェックの目が厳しいなら、管理会社も丁寧に対応するようになります。

また、理事会や管理組合は、資金使途についても監視の目を光らせなければいけません。中には、理事会や修繕委員会がしっかり監視して不要な工事をさせず、修繕積立金会計で1,000万円の予算を組んでいたものの、実施した工事の費用が400万円で済んだというケースもあります。予算は必ずしも消化する必要はなく、資金をストックすることができれば将来的に安心です。

ただし、ある時点で資金が豊富だったとしても不要な支出が常態化してしまったりすると、将来の大規模修繕時に資金難に陥る恐れがあります。その意味でも資金使途を厳しくチェックしておくことが重要です。

【管理組合運営編】
お金と事業の計画を立てて「振り返り」を行う

管理組合の運営において、課題の可視化は重要なポイントです。当社が関わったある管理組合では、AEDの導入や防犯カメラの更新・増設、空き区画が増えた賃貸駐車場の使用規定の改定など、その時々におけるマンションの課題を議題に取り上げていました。理事会が率先して良好な住環境や資産価値の維持に努め、総会でも実情を訴えかけることで、組合員との合意形成を図っていたわけです。なお、総会次第や議案に関しては管理会社である当社が理事会からヒアリングし、具体化しています。より精緻な議案にするためには、理事会と管理会社が密に連携を取ることが不可欠です。それがスムーズな総会やひいては組合の運営、さらにはマンションの資産価値の維持・向上に繋がります。

収支決算報告は「振り返り」が大切

収支決算報告のチェックポイントについては先ほど解説しましたが、重要なのは「振り返り」です。基本的に収支の差額に乖離がないのが望ましいのですが、中には慢性的にマイナスを計上し、繰越金を取り崩している組合が見られます。

極端な例で言えば、管理費会計における管理収入は毎年約1,000万円なのに、管理委託費や各種支払いを合計すると、年間の支出が約1,300万円になっているマンションを見たことがありますが、組合運営としては完全に破綻しています。修繕積立金会計についても、予算と同額の支出を続けていると、突発的な修繕に対応できません。持続的な運営をするために、管理会社への委託内容を見直すなど予算を抑える、予備費を別に確保するといった対策が求められます。

決算を振り返ることなくそのまま放置すると、日々の運営が立ち行かなくなり、支出を見直したり管理費等の値上げを検討したり、といった対応をしなければなりません。決算を「理事たちが考えること」「次の役員たちが何とかしてくれる」「管理会社が改善案を出せば良い」と捉えるのではなく、財務は健全なのか、持続性のある運営がなされているかについて、組合員1人ひとりが自発的に考えて行動することが重要です。

管理組合の財務状況は、マンションの資産価値に直結します。中古マンションの購入検討者は、売買時の重要事項説明時に財務状況を確認することができます。修繕積立金の残高が少なかったり、慢性的に赤字経営だったりしたら、買い手はつかないでしょう。

また、そのマンションで管理費や積立金の値上げが実行されているかどうか、売買時の重要事項説明時に確認が可能です。もしも売主が開示しないのであれば、購入検討者は「何か問題があるのではないか」と不安を覚えるでしょう。ビジネスと同じで、管理組合の財政についてもPDCAを回し、健全化に努めることが肝要なのです。

【管理組合運営編】
理事会、総会、設備点検、修繕などの年間事業計画を立てる

管理組合や理事会を円滑に運営するためには、あらかじめ計画を立てておくのがポイントです。その一例が下に挙げた図表11です。

組合事業計画書は、総会で承認された管理組合の年間事業計画に基づき作成します。理事会や総会のスケジュール、共用部分・設備の保守点検や修繕・改修工事、防災訓練、防災パトロール、夏祭りやクリスマス会、住民親睦会などのイベントが挙げられるでしょう。管理会社が立案や作成、実行を主導しているマンションが多いですが、効率的な管理業務や修繕計画の実施、管理費等のコスト削減を実現するには、役員が積極的に関わったほうが良いでしょう。

図表11　組合事業計画書の例

審議事項・行事など

行事名	頻度	4月	5月	6月	7月	8月	9月	10月	11月	12月	1月	2月	3月
理事会	適宜	○	○	○	○	○	○	○		○		○	○
通常総会	年1回			○									

設備点検など

管理作業	頻度	4月	5月	6月	7月	8月	9月	10月	11月	12月	1月	2月	3月
給水設備清掃	年1回							○					
消防設備機器点検	年2回					○						○	
消防設備機器総合点検	年1回					○							
昇降機設備点検	月1回	○	○	○	○	○	○	○	○	○	○	○	○
機械警備	常時												
建物設備点検	年1回					○							
防犯カメラ年次点検	年1回											○	
月次建物点検	月1回	○	○	○	○	○	○	○	○	○	○	○	○

なお、組合事業計画書を作成する際、必要に応じて変更すべきポイントは以下の通りです。

①組合運営関連

総会（通常総会・臨時総会）

理事会

各種イベント

委員会

②契約・防災・調査・修繕関連

契約関連：管理清掃・設備管理業務・火災保険など

入居者管理と防災管理：入居者管理（管理規約や使用細則・ゴミ出し・ペットの飼育ルールなどの周知）や消防計画の提出・消防訓練

各種調査：現況調査など

修繕関連：大規模修繕計画の作成・追加・変更・修繕工事・専有部分修繕工事の承認

すべてを管理組合で行うのは難しいとしても、管理組合が企画の段階から参画し、あくまで管理組合主導で進めることが重要です。それによって管理会社は、管理組合の要望を反映した組合事業計画書を作成することができます。そして、組合事業計画書に加え前章で取り上げた長期修繕計画を用意することで、日常のマンション管理と将来を見据えた資産価値の維持・向上を両立できます。

【管理組合運営編】住人の意識を高める

マンションには、異なる世代、職業、ライフスタイルの住人が暮らしており、組合運営に対する考え方も人それぞれで変わります。「理事会や管理会社に任せれば良い」「面倒なことは避けたい」「マンション管理にあまり時間を割きたくない」など、管理組合をネガティブに捉える組合員・住人がいるかもしれません。しかしながら、マンション管理に対する意識が低い住人が増えると、例えば共用部の使い方やゴミの分別に支障が出るなど、さまざまな乱れが生じます。

大規模修繕で言えば、資産価値を維持したい住人とそうでない住人の意見が衝突して議論が膠着すると、対応が遅れてしまいます。つまり、質の高いマンション管理を実現するには、住人の意識を向上させる必要があるのです。

では、そのために何をすべきでしょうか。例えば、各理事に業務を振り分けることで、各人に「マンションのために行動している」という意識が芽生え、組合活動に前向きになるかもしれません。ほかにも、理事会だけではなく修繕委員会、防災委員会など、各種委員会を設けて組合員に参加してもらうことで、マンション管理に対する当事者意識を高めることができるでしょう。お祭りなど多くの住人が参加しやすいイベントの開催や、イベント開催にあたり負担の少ない活動への参加を促し、関心を持つきっかけにしてもらうのも良いと思います。

最も大事なのは、理事会や管理組合の活動・情報をオープンにすることです。管理費等に未収はないか、あるとしたらどれだけの金額なのか、納付遅延があれば適切に対応しているのかなどがわかれば安心です。集めたお金をどのように使っているのかについても、総会を通じて可視化すると良いでしょう。

中には、総会や理事会の議事録を各戸に配ったり掲示したりする、あるいは理事会活動についてまとめた「理事会通信」を定期的に発行する、という理事会も存在します。住人からの要望を受け付ける意見箱を設置している管理組合もあり、理事会に関して、理事以外の組合員が参加して意見を発する場を設けるといった取り組みも見られます。地道な活動となりますが、これらを通じてすべての住人（区分所有者）が管理組合の総会に出席するようになるのが、理想的な姿なのではないでしょうか。

理事会役員同士のコミュニケーションを密にする

冒頭で述べた通り、管理組合の実務を担う役員たちの良好な人間関係は、円滑な運営のために欠かせないものです。ただし現実的には、さまざまな人が関わるため、仲が悪い理事同士によるトラブルが起きたり、話し合いが過熱して人間関係にヒビが入ったりすることがあるようです。理事長や副理事長の仲裁で解決する場合もありますが、収拾がつかない場合は当事者の解任を検討せざるを得ません。その場合は総会で組合員から決議を取る必要があります。

理事会が定期的に開催されると、役員同士の仲はどんどん深まる傾向が見られます。親睦会を開き交流を図ることも珍しくないでしょう。理事会でいきなり議題を出すのではなく、事前に情報を共有しておくとベターですし、理事会で連絡を取りやすいコミュニケーションツールを使い、コミュニケーションや意見交換に活用する手もあります。

さらに大事なのは、やはり理事会活動を可視化することです。何をしているかを明らかにし、組合員から「見られている」と意識するようになると役員たちの襟は正され、協力して運営しようという気持ちが生まれます。

当社の経験上、役員間のコミュニケーションが取れていると理事会の運営はうまくいき、管理組合の運営も良好となります。ぜひ、このような円滑な組合運営形を目指していただきたいと思います。

CHAPTER 5

【管理組合運営編】
管理規約のポイントを理解する

国土交通省は、マンションの維持・管理、住人が快適かつ安全に生活を送るための基本的なルールを定めた管理規約を作成・変更する際の参考になるよう、「マンション標準管理規約」を公表しています。

マンション標準管理規約には、マンションのタイプによって「単棟型」「団地型」「複合型」の３種類があります。単棟型は、１つの敷地に１棟のマンションが建てられている、住居専用のマンションタイプを想定したものです。団地型は、複数の建物で敷地を共有している団地のようなマンションタイプを想定して作成されています。複合型は、住居だけではなく一部は店舗・事務所として使われているマンションタイプを想定して作成されたものですが、単棟型が最も一般的なマンションに当てはまり、管理規約の基本となっています。

管理組合はこのマンション標準管理規約をもとに、マンションの状況に合わせた管理規約を作成します。管理規約の存在は適切なマンション管理や管理組合の運営と密接に関わるからこそ、その内容を理解しておくことが肝心です。

マンションが増えたことで登場した管理規約

なぜ、こういったガイドラインが作られたのか。それには戸建てからマンションへと変わり、マンション市場が拡大したことが関係しています。
　そもそもの発端は、分譲マンションの建築が増え、さまざまなトラブルが頻発するようになったからでした。これを受けて1983年に「区分所有法」が大幅に改正され、「中高層共同住宅標準管理規約」が制定されることになります。これにおいて、区分所有者が管理組合を構成すること、専有部と敷地利用権との分離処分の禁止、建替え決議制度の導入、集会主義の徹底などが定められました。
　その後もマンションの普及が全国的に加速したことで、建物の経年による問題が多発し、1997年に中高層共同住宅標準管理規約は大きく改正されることになりました。具体的には、長期修繕計画の作成とマンション管理を管理組合の業務として明確化したほか、駐車場の使用の明確化、専有部分のリフォーム工事における手続き規定の整備などについて明文化し、現在の管理規約に近い内容となりました。
　2001年の「マンション管理適正化法」、翌年の「マンション建替円滑化法」の施行に伴い、「中高層共同住宅標準管理規約」は2004年に再び大幅に改正されます。主な改正ポイントは、専門的知識者の活用（相談や助言等）に関する規定の新設、建替えに関する規定の整備、決議要件・電子化に関する規定の整備、新しい管理組合の業務の追加などで、このタイミングで中高層共同住宅標準管理規約から「マンション標準管理規約」へ名称が変更されました。

時代の変化に合わせて内容を変更

　その後もマンション標準管理規約は、時代の変化などに合わせてその内容を都度見直しています。
　2016年には理事長を含む理事や監事における外部専門家の活用、反社会的勢力の排除規定や災害時の緊急避難措置の規定の追加、防犯・防災、美化・清掃などのコミュニティ活動を可能にすることを明確化しました。直近となる2021年には、前年に実施された「マンションの管理の適正化の推進に関する法律」および「マンションの建替え等の円滑化に関する法律」の改正、並びに新型コロナウイルス感染症の感染拡大等の社会情勢の変化を踏まえ、ITを活用した総会・理事会の開催など、一部が改正されています。ほか、置き配を認める際の留意事項や、専有部分配管の工事を共用部分配管と一体的に行う際の修繕積立金からの工事費の拠出など、コメントが記載された部分もあります。また、管理組合への各種届出等を書面でなくインターネット等で行うことが「電磁的方法」として定義されました。

こういったマンション標準管理規約の改正履歴は、国土交通省のホームページで情報が公開されているため、役員など管理規約の改正に関わる方は一読することをお勧めします。

マンション標準管理規約には、マンション管理の基本となる内容が網羅されているので、目を通しておきましょう。マンション標準管理規約（単棟型）コメントにも規約作成におけるポイントが記載されており、実際に規約を作成・改定する際は大変参考になります。

マンションは区分所有法を順守した運営が必要ですが、法律に従うだけでは実際に運営はできません。マンションごとに独自のルールを定める必要があり、その参考になるのがマンション標準管理規約なのです。管理規約を一から作成するのは非常に困難ですから、同規約を参考にしてベースを作った上でマンションに合わせて修正を加えるというのが、最適な管理規約作成のための近道です。

管理規約の作成主体は管理組合であるべき

マンション管理の主体が管理組合であるならば、管理規約の作成・改定も管理組合が主体となるのが当然です。ここを管理会社任せにすると、都合良く修正されてしまう恐れがあります。

例えば、マンション標準管理規約の第７章「会計」では、管理費等の徴収方法などについて触れています。基本的には管理組合が開設した預貯金口座へ口座振替の形で納付するのが一般的で、そのように規約で定めている管理会社がほとんどでしょう。ところが、管理会社によっては管理組合用に独自の口座を作り、その口座を利用するという内容の規約にしています。すると管理会社を変更した場合、規約自体を変更しなければつじつまが合わず、管理組合にとっては改定の手間がかかるわけです。もっとひどいケースでは、「管理を受託しているのは自社である」と、規約に社名を盛り込んでいる管理会社があると聞いたことがあります。簡単に管理会社を変更させないための手立てだと思いますが、さすがにやりすぎです。

また、最近は各戸にホームセキュリティを導入しているマンションでは、マンション標準管理規約に明記はされていませんが、自宅のカギを預けることをルール化している管理組合もあります。各戸でトラブルが起きた際に警備会社に渡すためですが、中には抵抗感を覚える住人もいるでしょう。このようなマンション独自の規約内容はトラブルに発展する恐れがあり、改定の際は合意形成が非常に大切です。

管理規約を見直すタイミングは？

マンション標準管理規約がそうだったように、管理規約も時代の変化に応じてアップデートする必要があります。タイミングとしては、マンション標準管理規約や法律改正に合わせるのがポイントです。

例えば、2018年８月に民泊関係の改正がありました。具体的に、「管理規約で民泊事業を可能にする場合は、区分所有者は専有部分を住宅宿泊事業法第３条第１項の届け出を行う必要がある、禁止する場合も届け出が必要である」という内容に変わっています。仮に管理組合が民泊を禁止するならば、管理規約を改正しなければいけません。反対に、規約上で明文化しておかなければ、誰かが民泊として使用したとしてもそれを止める権利はないということです。このように、ガイドラインや法律の改正は、管理規約を見直す絶好のタイミングです。

マンションに関わる裁判の判例が、見直しの契機になることもあります。現在は分譲マンションを賃貸に回す区分所有者が増えていますが、改正前のマンション標準管理規約では、理事および監事は「現に居住する組合員から選出する」という文言があり、外部オーナーは理事になる資格はありませんでした。ところが、ほかの住人（区分所有者）からすれば組合員としての責務を果たしていなければ不満が募り、外部オーナーに組合協力金を支払うよう管理規約に定めたところ、支払う・支払わないで裁判に発展したのです。結局、最高裁で金額は減額されたものの「支払い自体は認める」という判例が示されたため、多くの管理組合は「金額に制限はあるが、組合協力金は認められる」と判断し、管理規約の改定に踏み切りました。このように、マンションに関する世情の変化が、管理規約改定のきっかけになることもあります。

ほかにも、無料で開放していた集会室の使用を有料化する、住人の高齢化による担い手不足を背景に役員を７人から５人に減らす、管理費等を引き上げるなど、マンション運営の実情に照らし合わせた管理規約の改定は必要です。住人（区分所有者）や組合員から何か意見が出た場合は理事会で話し合い、管理会社のサポートも受けながら改定案を形にし、総会で決議を取ることが大事です。

【管理組合運営編】理事会の進め方を考える

理事会がスムーズに運営されなければ、マンション管理の実務対応に遅れが生じます。そこで、理事会を定期的に開催するのはもちろん、限られた時間で有意義な内容にするための工夫が求められます。

理事会開催におけるポイント

例えば、毎月開催の理事会は定例で「毎月最終日曜日」などとスケジュールを決めて、終わったときに次回の予定を決めることが大半です。年4回程度しか開催しないマンションでは、その都度予定を確認して実施するパターンが多く、理事長の予定を最優先し、そのほかの役員がスケジュールを合わせて日程を決めることが少なくないようです。

管理に対する意識が高いマンションでは、理事会の予定を最優先にするよう求められることがあります。理事の半数の出席がなければ決議として認められませんから、まずは役員が納得できる、出席しやすいスケジュール調整を行う必要があります。役員同士が日程を決めていることもあれば、管理会社が全役員から出欠を取って日時を決めることもあり、手間を避けたいなら管理会社を頼ればいいと思います。最近では、メールやLINEなどで出欠確認を行うケースもあるようです。

当社の経験上、きちんと運営されている理事会は、毎月定例で全員参加としていることが多く、議案は各人に事前に配布され、目を通してから参加する、という流れが多いです。理想的なのは、議案は理事会で決めておき、管理会社は資料作成を担う、という役割分担です。

すべてを管理会社主導にすると、役員がマンションの議案を他人事のように捉えてしまうかもしれません。当事者意識を高めるためにも議案は自分たちで考え、手間のかかる作業は管理会社に任せるといったように進められれば、スムーズかつ住人（区分所有者）主導の理事会・組合運営に繋がるはずです。

【管理組合運営編】
外部管理者方式(第三者管理方式)を導入する

マンション住人の高齢化や賃貸化、仕事との両立が難しい、面倒といった理由から、管理組合役員のなり手不足が深刻化しています。中でも負担と責任が重い理事長は、引き受ける人が見つからないことが多いようです。輪番制なのでルールに従い引き受けているもののやる気がなければ、管理組合の機能不全に繋がる恐れがあります。このような状況では、住人の誰もが幸せに暮らすことができませんし、物件の資産価値を維持・向上も困難です。

これまで述べた通り、マンション管理は、組合が主体となり進めることが重要ですが、専門的な知識を持つ管理会社との情報格差があり、対等な関係を築くことが難しい場合もあります。この格差を利用し、自社にとって有利な組合運営を画策する悪徳な事業者がいないわけでもありません。「言われるがまま高額な修繕費用を受け入れた」など、管理会社にいいように使われたことに後から気づき、住人間で責任をなすり付け合うなど、人間関係が悪化することも考えられるでしょう。

こうした事態を避け管理組合の円滑な運営を実現するため、多くの管理組合で採用しているのが、これまでも述べてきた外部管理者(第三者管理)のサービスです。

外部管理者とは、マンションの理事長に区分所有者以外の第三者が就任し、管理組合の運営を委託する方式のことです。外部の専門家であるマンション管理士や、マンション管理会社が就任するケースもあります。

理事長は組合員から選任される役員の中から選ばれますが、2016年に国土交通省の「マンション標準管理規約」の改正に伴い、外部専門家を役員として選任できることとする場合の標準管理規約も示されたことで、外部管理者は行政に認められた方式として、普及が進んでいます。マンション管理の専門家に任せたほうが適切、管理費滞納などのトラブル・裁判の間はプロに任せたいという場合も活用をお勧めします。課題の解消はもとより、多岐にわたる業務を任せられるので負担は軽減されます。また、マンション管理士等が理事長として主体的に管理組合運営を行うことで、会計も管理会社任せにならず、自立したマンション管理に繋がるでしょう。

なお、当社が提供するサービスは、以下の通りです。

理事長業務全般

・管理委託費および管理委託業務等の見直し
・防犯セキュリティ体制・損害保険等の見直し
・通常総会、臨時総会、理事会の招集
・総会、理事会の議長
・総会への収支予算案・収支予算変更案提出
・規約の変更および仕様細則の制定または変更案決議
・長期修繕計画の作成および変更案の決議
・専有部分の修繕等に対する承認または不承認
・緊急工事の実施判断
・そのほか総会提出議会決議
・管理規約上に定める勧告または指示等
・その他総会付託事項　など

外部管理者方式（第三者管理方式）を導入するには？

第三者に理事長を委託するには理事会決議、次いで総会にて理事長専任の議案を提出し、承認を得ないといけません。ただし、管理規約や細則等で「区分所有者以外が役員に就任できる」と定められている必要があります。マンションによっては管理規約の改正が必要な場合もあります。標準管理規約に合わせて改正の時期を考えましょう。

サービスを提供する企業・事務所、マンション規模、理事長業務の内容によりますが、外部管理者方式を利用する費用は月額10万～20万円が相場です。コスト負担が生じるので抵抗を感じるかもしれませんが、長い目で見るとプロが理事長業務に取り組むことで管理組合の負担は軽減され、管理費や修繕積立金の滞納防止、管理会社との対等な関係構築、大規模修繕費用のコストカットに繋がるなど、金銭的なメリットが期待できます。円滑な管理組合の運営を実現するため、前向きに検討することをお勧めします。

[コラム Column 06]

Q 理事長を継ぐ組合員がいない場合はどうすれば良い？

対象のマンション・管理組合：大阪府／築50年／20戸
管理の状況：自主管理

理事長不在に陥る管理組合

住人：築年数が経っているので顔なじみが多く、戸数も少ないので自主管理をしているマンションです。ただし、住人の高齢化は著しく、組合や理事会は若い世代を中心に回しています。

藤原：高齢者は健康面などの問題で、積極的に組合運営に携われないことがあります。理事長を引き受ける若い世代がいてよかったですね。

住人：ところが、理事長を務めていた区分所有者が転勤となり、業務ができなくなったのです。

藤原：困ったものですね。こうした場合、次の理事長を選出しないといけません。

住人：先ほど伝えた通り、区分所有者のほとんどがシニアで引き受けるのが難しく、後継者がいない状況になりました。そうしたときに理事長を区分所有者以外の第三者にお願いできる「外部管理者方式」について知り、御社に問い合わせたのです。

藤原：管理組合の理事会業務を外部委託できる外部管理者方式（第三者管理方式）を提供する管理会社は増えており、当社もその１つです。

外部管理者方式（第三者管理方式）で理事会を存続

藤原：今回、こちらの管理組合は、当社が提供する外部管理者方式を利用し、理事長業務全般を委託することになりました。

住人：我々としては理事長業務を外注することで管理不全を防ぐことができ、マンション管理のプロに任せるので専門的な知見をもとに運営してもらえるので安心です。

藤原：皆さんのマンションは管理費・積立金の滞納もあったと聞きました。自主管理で顔なじみの関係だからこそ、徴収しにくかったのかもしれません。そこで管理費等の回収は口座振替変更し、管理組合口座もWEB口座に切り替えました。結果、管理費・修繕積立金の滞納は解消され、各種支払い業務もスムーズになりました。

住人：自主管理から形が変わって理事会運営の負担がなくなり、多くの区分所有者は胸をなでおろしています。専門家に入ってもらうことで、組合運営自体が良くなったと感じています。

藤原：皆さんの組合では、総会も定期的に開催されず、会計報告もなされていませんでした。今回の取り組みを通じて区分所有者に報告されるようになり、組合運営の透明化にも努めました。今後も、より良いマンションになるよう尽力します。

［コラム Column 07］

Q 外部管理者方式（第三者管理方式）はどんな流れで導入する？

対象のマンション・管理組合：東京都／築31年／64戸
管理の状況：新築時より独立系管理会社が管理（組合運営業務は委託業務外）

理事長の担い手不足を解決したい

住人：新築から31年が過ぎたマンションです。管理組合の役員はとうに一巡しており、近年は担い手が不足しています。結局は同じ役員が組合運営を行っている状況ですが、いい加減降りたいと漏らす方もいます。とくに理事長はなり手が見つかず、このままでは組合が機能しなくなりそうです。

藤原：歴史の古いマンションでは、役員や理事長の担い手不足は珍しくありません。解決手段として提案するのは、外部の専門家を活用する外部管理者方式（第三者管理方式）の活用です。

住人：所有者の高齢化や投資目的で購入されたお部屋の賃貸化は、我々の物件でも進んでいます。区分所有者による管理は限界を迎えており、外部管理者方式は魅力的なサービスです。どのように導入すれば良いのですか？

外部管理者方式（第三者管理方式）は段階的に導入

藤原：まず、第三者が理事長に就任できるよう、管理規約の改定を提案しました。ただし、いきなり住民以外が理事長に就任すると、住民の皆さんも戸惑うでしょう。よって、助走期間として、メール、電話による管理組合の業務全般をサポートする「顧問契約」を１年間締結し、理事長を任せられるか判断した上で、外部管理者方式を正式にご依頼いただくことになりました。

住人：契約当初は、専門家とは言え外部の方がいきなり理事長になることに、拒否感を覚える区分所有者もいました。でも段階的に進めるなら仕事ぶりがわかり、正式のお願いするかどうか判断もつきます。

藤原：現在は組合が行う業務、管理会社に依頼する業務、外部管理者方式で依頼する業務の整理も進めています。役割分担が明確になると自分たちがすべきことが明確になり、組合が理事長業務を監視しやすくなるという利点もあるでしょう。

住人：現時点でも業務の仕分けを通じて理事長業務の負担は軽くなり、他の役員も積極的に意見するような環境に変わりつつあります。理事会の風通しが良くなった印象を受けており、引き続き手厚いサポートを期待しています。

第⑥章

「理想のマンション」を実現するために

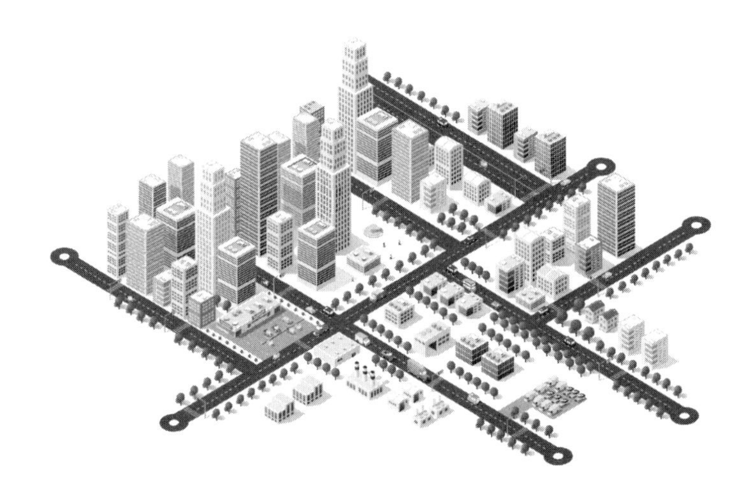

管理組合と理事会の運営は、前向きに取り組む

本書では一貫して、「マンション管理を丸投げにしてはいけない」とお話ししてきました。役員に選ばれると負担になることがありますが、マンションの快適な住環境と資産価値の維持・向上に寄与できるのは、区分所有者である組合員の皆さまご自身です。

そのためにうまく活用していただきたいのが、管理会社です。長期にわたり住み心地の良い住環境を手に入れるには、マンション管理の専門家と協力体制を築くのが、最も近道になるはずです。

ただし、管理組合や住人（区分所有者）が理想とするマンション像を形にするには、管理会社に業務を任せっきりではいけません。理事長をはじめとする役員や組合員の皆さんが「こういったマンションにしたい」というイメージを明確にしなければ、管理会社は実現に向けたサポートをすることはできないのです。

繰り返しますが、私は管理組合の皆さんが、多少の手間や負担はあっても理事会や管理組合の運営に積極的に向き合い、目指すべき快適なマンションをどう作っていくかを考えていただくことが大切だと考えています。そして自分たちでできないことは管理会社、もしくはマンション管理士などにお任せいただければと思います。

役員の若返りを通じて復活した管理組合

当社がアドバイザー契約を結んでいた、とあるマンション管理組合は、管理会社にすっかり依存していて理事会も管理組合もほとんど機能していない状態でした。多くの住人は高齢を迎えており、マンション管理に対する興味・関心は大きく薄れているようでした。

理事長は、管理会社から何か意見を求められても「任せます」と返事するばかりで、当社としては、さすがにこのままではマンションに対する住人の意識は低下し続ける一方で、住環境が悪化するのではと危機感を覚えました。

そこで当社のマンション管理士は、新たに住戸を購入して転居してきた若い住人の方たちに声をかけ、理事に加わっていただいた上で、管理組合の現状を訴えることにしました。「このまま管理会社に依存した状態では、管理組合の不利益になることが起こるかもしれない」「組合員が主体ではないマンションは荒廃する」などと伝えたところ、若い住人の方々が理事会に出席するようになり、やがて全体の出席率が改善し始めたのです。理事会がだんだん活性化し、若い理事長にバトンタッチした頃には、月１回の理事会にほぼ全員が参加するようになりました。

大規模修繕の際には、それまでは管理会社が立案した計画を理事会が採用し、総会で承認を得ていましたが、「言われたままにする」という姿勢が大きく変わりました。工種によっては自分たちで施工会社を探し、相見積もりを取り、費用を抑えながら希望に沿った工事を実施する、というような具合です。

このマンションの管理組合はすっかり自立して、管理会社は対等な立場のビジネスパートナーとしてマンション管理にあたっています。今後、住人の方が住み続けるにしろ、何かの事情で売却するにしろ、マンションの資産価値が担保されていないことで痛い目に遭うのは住人（区分所有者）自身です。そう考えると、管理組合の活動に積極的に関わって資産価値の最大化に努めたほうが良いというのは、明らかではないでしょうか。

管理組合と管理会社が良好な関係を築くために

改めてお伝えしますが、管理会社の役割は、分譲マンションにお住まいの皆さんが抱く「理想のマンション像」の実現に向けたサポートです。管理委託契約に含まれる各種業務は、そのために存在します。お互いが役割分担をしながらマンション管理を行うことで、管理組合は負担を軽減しながら目的に向かって進むことができます。

だからこそまず着手すべきは、理想・目的とするマンション管理の在り方を明確にし、管理会社にそれを伝えることです。管理会社の立場からすると、そのほうが提供すべきサービスがはっきり見えて、顧客満足度を高めやすくなります。そして、要望に応えるために全力で動く管理会社は信頼に足る存在ですし、そうでないところは変更を検討しても良いでしょう。

管理会社との関係性は、マンション管理の質に直結します。だからこそ、希望に沿ったサービスを提供してくれたり、必要とするサポートが受けられたりといった、管理組合のニーズに合ったパートナーを見つけることが最も重要です。

管理組合の負担をカバーできるのは管理会社だけですから、妥協してはいけません。「デベロッパー系の管理会社だから」「新築当初から面倒を見てもらっているから」といった理由で選ぶ必要はなく、その管理会社に依頼する明確な理由がないのなら、変更していいのです。

CHAPTER 6

当社でも分譲マンション管理事業を行っています。収益物件の管理で培ってきたノウハウを活かし、分譲マンションの資産価値の維持・向上、管理組合が抱える課題解決やニーズに沿ったソリューションを提供しており、変更の引き合いと実績が増えています。マンション管理業務のほかにも、修繕工事や外部管理者方式（第三者管理方式）・管理組合アドバイスといった第三者による管理組合の運営もサポートしていますが、管理会社によって得意分野は異なります。読者の皆さんが管理会社を選ぶときには、何が得意で何ができるのかをしっかり理解した上で選んでいただくことで、適切なマンション管理を行うことができると思います。

おわりに

本書を最後までお読みいただき、ありがとうございます。円滑な管理組合の運営がマンションの資産価値向上にどのように関係するのか、そのためには管理会社とのパートナーシップがいかに重要かおわかりいただけたと思います。とりわけ、最も大がかりなイベントである大規模修繕を乗り切るには、管理組合が主体となる必要があります。それにはうまく管理会社を活用することが必須ですが、そのためのノウハウを学んでいただけたのではないでしょうか。

当社が目指すのは、管理組合の皆さんにとって安心をもたらすサービスの提供です。賃貸用の1棟収益不動産を活用した資産運用コンサルティング事業では「大和財託に任せておけば大丈夫」というポジションを築くことができましたが、それを分譲マンション管理においても実現したいという想いがあります。

今後も管理会社の変更先、理事長や理事が不在のマンションに対して、管理組合の状況・ニーズに応じて当社の3つのサービスを提供することでお役に立ちたいと考えています。

今後の日本では少子高齢化が加速し、本書で述べたような分譲マンションにおける役員の担い手不足や修繕積立金不足の問題が、ますます増えていくでしょう。役員自体を外部の専門家に任せたいと考える管理組合が増えていくと思いますが、当社はそういったニーズにお応えして、管理組合の方々には「お金はかかるけど任せて良かった」と思っていただきたい、そんな気持ちで日々、管理組合のサポートを行っています。その中で、管理組合の方々がどのような課題を抱えているのかを目の当たりにして、当社がこれまでに培ったマンション管理の知見やノウハウを１人でも多くの方にお伝えすることで、マンションに住む皆様により幸福な未来が訪れるのではないか、そんな考えから本書の出版に至った次第です。

今回出版するにあたり、多くの方に大変お世話になりました。また、当社を信頼してお取引いただいているお客様、当社の事業にご協力いただいている多くの取引先の皆様、企業理念の実現のために日々仕事を頑張ってくれている当社社員の皆さんに、この場を借りて感謝申し上げます。

本書を通じて、１人でも多くの方がマンション管理の正しい知識を身につけ、課題解決の一助になれば、それに勝る喜びはありません。

2024年６月　大和財託株式会社
代表取締役CEO　藤原 正明

［著者略歴］

藤原正明（ふじわら・まさあき）

大和財託株式会社 代表取締役CEO

昭和55年生まれ、岩手県出身。
三井不動産レジデンシャル株式会社で分譲マンション開発業務に携わり、その後関東圏の不動産会社で収益不動産の売買・管理の実務経験を積む。平成25年に大和財託株式会社を設立。不動産・建築領域等を活用した資産価値共創事業を東京・大阪をはじめとする主要都市圏で展開する。
資産価値を創る様々なサービスを駆使し、“圧倒的顧客ファースト”を掲げ、お客様の人生に伴走しながら今までにない価値を開発・建築している。自社で運営しているYouTubeチャンネル『藤原正明の「最強の不動産投資チャンネル」〈大和財託株式会社〉』やXといった様々なプラットフォームで資産運用についての知識や考え方を発信している。

【経歴】

2003年 岩手大学工学部卒業後、自動制御弁メーカー入社
2009年 三井不動産レジデンシャル株式会社入社
2011年 収益不動産を扱う不動産会社入社
2013年 大和財託株式会社を設立
現在に至る

資産価値向上と円滑な運営を両立する マンション管理の成功法則

2024年7月1日　初版発行

著　者　藤原正明

発行者　小早川幸一郎

発　行　株式会社クロスメディア・パブリッシング
〒151-0051 東京都渋谷区千駄ヶ谷4-20-3 東栄神宮外苑ビル
https://www.cm-publishing.co.jp
◎本の内容に関するお問い合わせ先：TEL（03）5413-3140／FAX（03）5413-3141

発　売　株式会社インプレス
〒101-0051 東京都千代田区神田神保町一丁目105番地
◎乱丁本・落丁本などのお問い合わせ先：FAX（03）6837-5023
service@impress.co.jp
※古書店で購入されたものについてはお取り替えできません

印刷・製本　株式会社シナノ

ISBN978-4-295-40984-7　C2034